Alex Düsseldorf Fischer

STEUERLEXIKON
DER GRUNDLAGEN

Wörterbuch für Beginner und Fortgeschrittene mit Beispielen & Anlagen. Dein Schlüssel in die Steuerwelt – Die wichtigsten Fachbegriffe leicht erklärt

1. AUFLAGE

Vorwort

Lieber Leser,

es ist ziemlich schwierig, sich in einem neuen Fachgebiet zurechtzufinden, wenn man andauernd auf Begriffe stößt, die man nicht kennt und unter denen man sich erst recht nichts vorstellen kann.

Wenn Du solche Begriffe in Wikipedia oder Fachlexika nachschlägst, kann das sehr mühselig sein: Denn die Definitionen enthalten wieder jede Menge Begriffe, die man erst einmal nachschlagen muss. So gibt man schnell frustriert auf.

Dies ist dagegen ein Steuerlexikon, das so geschrieben und ausgestattet wurde, dass es Dir (relativ) leicht den Einstieg in die doch recht komplexe Materie Steuern und steuerliche Gestaltung ermöglicht.

Ich habe für Dich dieses Steuerlexikon für Beginner und Fortgeschrittene mit folgenden Zielsetzungen entwickelt:

1. Die Definitionen sollten möglichst einfach sein.
2. In den Definitionen sollten möglichst wenig neue Fachbegriffe auftauchen.
3. Wann immer nötig, wurden die Definitionen um Beispiele ergänzt.
4. Es wurden nur die Definitionen beschrieben, die man in 95 Prozent aller Fälle nutzt.

Aber selbst das beste gedruckte Wort kann Praxis nicht ersetzen. Um dieses Problem zu lösen, habe ich für Dich ein interaktives Coaching erstellt, um zusätzliches „Fleisch auf den Knochen“ bringen:

Dieses Steuerlexikon der Grundlagen entstammt dem

Next Level Steuer Coaching

www.AF-Steuercoaching.de

Ganz hinten in diesem Dokument findest Du die Anlage **„Über den Autor“** mit vielen weiteren interessanten Links, meinen YouTube-Kanälen und Themen, mit denen ich mich auseinandergesetzt habe.

Außerdem findest Du ein **Workbook mit Checkliste** in den Anlagen, die (solltest Du in das Thema Steuern wirklich voll einsteigen wollen) Dich in der idealen Reihenfolge durch den Dschungel der steuerlichen Nomenklatur (Fachworte) lotst.

Jetzt aber erstmal viel Spaß beim Lesen und Nachschlagen!

Dein Alex Düsseldorf Fischer

Inhaltsverzeichnis

Abflussprinzip

Im Steuerrecht geltendes Prinzip. Es bedeutet, dass eine Ausgabe dem Kalenderjahr (steuerlich) zuzuordnen ist, in dem gezahlt wurde (Geld „abfließt").

Beispiel: Ein Handwerker repariert im Dezember 2018 die sanitäre Anlage einer Renditeimmobilie und stellt die Rechnung noch im selben Monat. Der Eigentümer bezahlt sie erst im Januar 2019. Daher kann der Eigentümer diese Ausgabe erst für das Jahr 2019 steuerlich geltend machen (also von seinem zu versteuernden Einkommen 2019 abziehen).

https://de.wikipedia.org/wiki/Zuflussprinzip

Abgabenordnung (AO)

Das grundlegende Gesetz des deutschen Steuerrechts. In ihm werden die Regelungen und Verfahren beschrieben, die für alle Arten von Steuern gelten. Die Abgabenordnung existiert seit dem 1. Januar 1977 und ist seitdem mehrfach überarbeitet worden.

https://de.wikipedia.org/wiki/Abgabenordnung

Abgeltungsteuer

Eine Steuer auf Kapitalerträge, also Zinsen bzw. Gewinne von Geldanlagen (zum Beispiel von Aktien, Sparbüchern etc.). Die Abgeltungsteuer wurde am 1. Januar 2009 eingeführt und beträgt 25 Prozent der Kapitalerträge (zuzüglich Solidaritätszuschlag und gegebenenfalls Kirchensteuer). Seit diesem Zeitpunkt sind Kapitalerträge grundsätzlich nicht mehr als Teil des Einkommens mit der Einkommensteuer zu versteuern, sondern als Pauschalversteuerung. Die Steuer wird direkt von der Bank oder dem Finanzinstitut einbehalten und an das Finanzamt überwiesen.

Die Abgeltungsteuer gilt nur für Kapitalerträge, die den jährlichen Freibetrag von 801 EUR pro Person übersteigen. Wichtig: Um den

Freibetrag in Anspruch zu nehmen, muss bei den entsprechenden Banken oder Finanzinstituten ein Freistellungsauftrag gestellt werden. Man kann den Freibetrag auch auf mehrere Banken aufteilen (beispielsweise 400 EUR Freibetrag bei der Hausbank und 401 bei einer zweiten Bank).

Mit Zahlung der Abgeltungsteuer sind die Steuerschulden für Kapitalerträge abgegolten, also ausgeglichen. Daher der Name.

Beispiel: Du hast all Dein Geld bei Deiner Hausbank auf einem Sparbuch und verschiedenen Sparverträgen angelegt. Dafür bekommst Du im Jahr 1.000 EUR Zinsen. Darauf wären eigentlich 250 EUR (25 Prozent) Abgeltungssteuer fällig. Dazu kommt noch der Solidaritätszuschlag und eventuell Kirchensteuer. Da Du einen Freistellungsauftrag über 801 EUR gestellt hast, reduziert sich der zu versteuernde Betrag auf 199 EUR. Die Bank zieht automatisch 49,7050 EUR (25 Prozent) zuzüglich Solidaritätszuschlag und eventuell Kirchensteuer von den Zinsen ab und überweist die Abzüge direkt ans Finanzamt.

https://de.wikipedia.org/wiki/Abgeltungsteuer

abschreiben/absetzen

Vom zu versteuernden Einkommen abziehen. Siehe Abschreibung.

Abschreibung

(Ein Begriff aus der Buchführung: tilgen, (aus Dokumenten) löschen, abbuchen.)

Vermögensgegenstände nutzen sich aus steuerlicher Sicht ab. Sie verlieren also mit der Zeit an Wert bzw. werden irgendwann unbrauchbar. Dieser Wertverlust kann steuerlich geltend gemacht werden. Das bezeichnet man im Steuerrecht als Abschreibung.

Für Privatanleger ist vor allem die Abschreibung für Abnutzung von Renditeimmobilien interessant.

Selbstständige und Unternehmer können viele weitere Vermögensgegenstände absetzen (wie etwa Büromöbel, Fahrzeuge, Maschinen und Werkzeuge).

Dabei geht das Finanzamt je nach Vermögenswert von unterschiedlichen Nutzungsdauern aus. Bei einem normalen PKW etwa beträgt die Nutzungsdauer aus steuerlicher Sicht sechs Jahre. Bei einem Computer hingegen drei Jahre. Die verschiedenen Nutzungsdauern werden vom Finanzamt vorgegeben in Form von sogenannten “AfA-Tabellen”.

Beispiel: Ein Unternehmen erwirbt einen Rechner mit einem Nettopreis (also ohne Umsatzsteuer) von 900 EUR. Gemäß der vom Finanzamt vorgegebenen Abschreibungstabelle kann diese Ausgabe nicht in voller Höhe im Jahr der Anschaffung vom Gewinn des Unternehmens abgezogen werden. Stattdessen muss der Kaufpreis auf drei Jahre verteilt abgezogen werden. Entsprechend kann das Unternehmen beim Kauf dieses Rechners drei Jahre lang jeweils 300 EUR von seinem Gewinn abziehen. Der Zeitraum von drei Jahren wurde deshalb gewählt, weil davon ausgegangen wird, dass Computer drei Jahre halten bzw. nach drei Jahren veraltet sind. Natürlich kann das Unternehmen den Rechner solange nutzen, wie er tatsächlich funktioniert. Allerdings ist er nach drei Jahren vollständig steuerlich abgeschrieben. Der steuerliche Vorteil entfällt also ab dem vierten Jahr, der Rechner steht “in den Büchern” (= Buchhaltung) mit 1 EUR (= Buchwert).

Stand 2018: Alle Wirtschaftsgüter eines Unternehmens, deren Nettoanschaffungskosten (ohne Umsatzsteuer) über 800 EUR liegen, müssen auf diese Weise über mehrere Jahre verteilt abgeschrieben werden. Bis zu einem Nettobetrag von 800 EUR können sie im Jahr des Erwerbs vollständig (in einer Summe) abgesetzt werden.

https://de.wikipedia.org/wiki/Abschreibung

Du interessierst Dich für Investment-Immobilien? Auf meinem Youtube Kanal kannst Du Dir den Immobilien Investor Masterkurs völlig kostenfrei ansehen:

https://alex-fischer-duesseldorf.de/imkkd-playlist

Abschreibung für Abnutzung (AfA)

(Auch bezeichnet als Absetzung für Abnutzung.)

Vermögensgegenstände nutzen sich aus steuerlicher Sicht ab. Sie verlieren also mit der Zeit an Wert. Dieser Wertverlust kann steuerlich geltend gemacht (also von den zu versteuernden Einnahmen abgezogen) werden. Das bezeichnet man im Steuerrecht als Abschreibung.

Für Privatanleger ist vor allem die Abschreibung für Abnutzung von Renditeimmobilien interessant. Bei Renditeimmobilien (also solchen, die man nicht selbst nutzt, sondern vermietet) geht das Finanzamt je nach Baujahr aus steuerlicher Sicht von einer Nutzungsdauer von 40 oder 50 Jahren aus. Dabei kann man die Möglichkeit der Abschreibung nur für das Gebäude selbst beanspruchen. Das Gebäude nutzt sich ab, das Grundstück nicht. Der Bezugswert ist folglich der Gebäudeanteil (inkl. bestimmter Kaufnebenkosten), nicht der Kaufpreis.

Anmerkung: In der Vergangenheit hat man bei der AfA steuerlich zwischen „Neubauten“ und „Altbauten“ unterschieden. “Altbauten” aus steuerlicher Sicht sind alle Immobilien, die man nicht als Ersterwerber gekauft bzw. nicht als Bauherr selbst erstellt hatte. Wenn man also beispielsweise vom Erstbesitzer eine Eigentumswohnung erwirbt, die drei Jahre alt ist, handelte es sich aus steuerlicher Sicht bereits um einen Altbau. Die besondere Abschreibung für „Neubauten“ existiert aktuell (Stand 2019) nicht mehr.

(Sie ist daher für aktuelle Immobilienkäufe uninteressant. Es besteht aber durchaus die Möglichkeit, dass diese wieder eingeführt werden kann, um die Erstellung von Neubauten anzukurbeln.)

Bei der Abschreibung für Abnutzung von Renditeimmobilien gilt folgende Regel:

Lineare Abschreibung

(von lateinisch linearis: aus einer Linie bestehend, gerade sein.)

Absetzung in gleichen jährlichen Beträgen (daher der Begriff „linear"). Bei ganz oder teilweise vermieteten Wohngebäuden können 50 Jahre lang 2 Prozent der Kosten des Gebäudes (Kaufpreis ohne Wert des Grundstücks), die zu dem vermieteten Gebäudeteil gehören, von den Einkünften abgezogen werden. Bei Gebäuden, die vor dem 01.01.1925 erbaut wurden, können 40 Jahre lang jährlich 2,5 Prozent abgesetzt werden.

Beispiel: Eine vermietete Immobilie mit Baujahr 1980 wird für 100.000 EUR erworben. Der reine Gebäudewert (ohne Grundstück) beträgt 85.000 EUR. Entsprechend kann der Käufer jedes Jahr 2 Prozent dieser Summe, also 1.700 EUR, von seinem zu versteuernden Einkommen abziehen. Und das 50 Jahre lang. Wie hoch die Steuerersparnis ausfällt, hängt von der Höhe des Einkommens und dem entsprechenden Steuersatz ab.

Degressive Abschreibung

(von lateinisch degredere: hinabschreiten, hinabsteigen)

Im Gegensatz zur "Absetzung in gleichen jährlichen Beiträgen (= linear)" sind bei der degressiven Abschreibung die Prozent- werte am Anfang hoch und sinken dann (degressiv).

Beispiel: Die ersten 5 Jahre 7%, dann 4 Jahre 5%, dann 3 Jahre 3%, danach 1% bis zur kompletten Abschreibung.

Degressive Abschreibung wird benutzt, um

a) Steueranreize zu schaffen (Lenkungszweck der volkswirtschaftlichen Zahlungsströme) oder

b) erhöhten Wertverlust buchhalterisch zu berücksichtigen

(**Beispiel:** Neuwagenkauf. Dort ist zu Beginn der Wertverlust am höchsten. Aktuell gibt es allerdings keine degressive Abschreibung bei Neuwagen.)

Für Unternehmer ist die AfA ebenfalls interessant. Alle Wirtschaftsgüter eines Unternehmens, deren Nettoanschaffungskosten (ohne Umsatzsteuer) über 800 EUR liegen (Stand 2018), müssen über mehrere Jahre verteilt abgeschrieben werden. Bis zu einem Nettobetrag von 800 EUR können sie im Jahr des Erwerbs vollständig abgesetzt/vom Gewinn abgezogen werden. Über wie viele Jahre ein bestimmter Gegenstand abgeschrieben werden muss, gibt das Finanzamt in Form von "AfA-Tabellen" vor.

Beispiel: Für sein Unternehmen erwirbt jemand einen Computer mit einem Kaufpreis von 833 EUR. Zieht man die Umsatzsteuer von 133 EUR (19 Prozent) ab, bleibt ein Nettobetrag von 700 EUR. Da der die 800-EUR-Grenze nicht über- schreitet, kann der Kaufpreis des Computers noch im selben Jahr abgeschrieben werden.

Beispiel: Für seine Praxis erwirbt ein selbstständiger Arzt ein elektronisches Mikroskop mit einem Kaufpreis von 10.000 EUR. Das muss er auf 10 Jahre (laut offizieller AfA-Tabelle) verteilt von der Steuer absetzen.

https://de.wikipedia.org/wiki/Absetzung_für_Abnutzung

AfA

Siehe Abschreibung für Abnutzung.

Aktiva

(von lateinisch agere: handeln, tätig sein)

Begriff aus der Buchführung. Bezeichnet die einem Unternehmen zur Verfügung stehenden Vermögenswerte, mit denen das Unternehmen arbeiten kann. Dazu gehören zum Beisp[illegible] Grundstücke und Maschinen, die dem Unternehm[illegible]

https://de.wikipedia.org/wiki/Aktiva

Aktive Rechnungsabgrenzungsposten (ARAP)

Begriff aus der Buchführung, der sich auf Bilanzen bezieht (bei Bilanzierung gilt kein Zuflussprinzip). Er bezeichnet Zahlungen für Aufwendungen des nächsten Jahres, die bereits in dieser Periode geleistet wurden. Das können beispielsweise Gehälter, Mieten oder Zinsen sein. Zweck davon ist es, die Zahlung von der Zuordnung zum Wirtschaftsjahr zu trennen.

Beispiel: Ein Unternehmen zahlt am 28. Dezember 2018 die Miete der Geschäftsräume für Januar 2019. Da das Geschäftsjahr des Unternehmens am 31. Dezember 2018 endet und die Buchung in diesem Jahr durchgeführt wurde, muss sie in der Bilanz erscheinen. Die Mietzahlung wird als aktiver Rechnungsabgrenzungsposten gebucht.

https://de.wikipedia.org/wiki/Rechnungsabgrenzung

Amortisationsdarlehen

Siehe Annuitätendarlehen.

Anlagevermögen

Der nicht zum Verkauf (Durchhandeln) bestimmte Teil des Vermögens eines Unternehmens. Dazu zählen zum Beispiel Gebäude und Grundstücke (sofern nicht Handel mit ihnen betrieben werden soll, sonst wäre es “Umlaufvermögen”), technische Anlagen und Maschinen. Ebenso gehören dazu Beteiligungen an anderen Unternehmen und Wertpapiere.

https://de.wikipedia.org/wiki/Anlagevermögen

Annuitätendarlehen

(Annuität von lateinisch annus: Jahr)

Die jährliche Rate der Rückzahlung (= Annuität) ist immer gleich hoch. Da Zinsen in Deutschland immer Jahreszinsen sind, wird die Annuität in 12 Teile geteilt, was dann die monatliche Rate ergibt. Sie enthält Zinsanteile und Tilgungsanteile. Man spricht insbesondere von "Anfangstilgung" (z.B. 2% Anfangstilgung und 4% Zins auf die Darlehenssumme), da sich der Tilgungsanteil innerhalb der festen Rate (Annuität) im Laufe der Zeit immer stärker erhöht und dafür der Zinsanteil (da die Rate ja gleich bleibt) immer weiter verkleinert. Das ist deshalb so, weil die Darlehensschuld mit jeder Zahlung geringer wird und somit die darauf entfallenden Zinsen sinken.

Beispiel: Bei einer Kreditsumme von 100.000 EUR, 4 Prozent Zinsen, 2 Prozent Tilgung und monatlicher Rückzahlung zahlt der Kreditnehmer der Bank jeden Monat eine Summe von 500 EUR (also im Jahr 6.000 EUR).

Dabei ergibt sich folgende Entwicklung:

Monat	Zahlung	Zinsen	Tilgung	Darlehensschuld
0	-	-	-	100.000
1	500	333	167	99.833
2	500	333	167	99.666
3	500	332	168	99.498
4	500	332	168	99.330
5	500	331	169	99.161
6	500	331	169	98.992
7	500	330	170	98.822
8	500	329	171	98.651

Die Annuität wird je nach vertraglicher Vereinbarung in gleichen monatlichen (oder seltener vierteljährlichen) Teilbeträgen gezahlt. Annuitätendarlehen (auch Amortisations- oder Tilgungsdarlehen genannt) sind die bei der Baufinanzierung meistverwendeten Darlehensformen.

Gerade bei Finanzierungen kannst Du sehr viel Geld sparen bzw. je nach Finanzierungsmodell viel Geld verlieren. Hierzu gibt es auf der Webseite www.alex-fischer-duesseldorf.de Dutzende Videos, Checklisten und Formulare, damit Du zu den Gewinnern gehörst. Natürlich 100 Prozent kostenlos.

https://de.wikipedia.org/wiki/Annuitätendarlehen

Du interessierst Dich für das Thema Finanzierungen? Dann sind diese 2 Videos interessant für Dich:

Video #1: Immobilienfinanzierung mit Annuitätendarlehen:

https://www.youtube.com/watch?v=m8RM3htYAlc

Video #2: Kreditvergleich zwischen Annuitätenfinanzierung und Festdarlehen (Steueroptimierung):

https://www.youtube.com/watch?v=0XTZ3kTJ7u4

Anschaffungsaufwand/-kosten

(HGB, UGB) Aufwendungen, die geleistet werden, um einen Vermögensgegenstand zu erwerben und ihn in einen betriebsbereiten Zustand zu versetzen (soweit dem Vermögensgegenstand direkt und einzeln zuordenbar).

AO

Kurz für Abgabenordnung. Siehe dort.

ARAP

Aktiver Rechnungsabgrenzungsposten. Siehe dort.

Asset

(von englisch asset: Vermögenswert)

Wertgegenstand.

https://de.wikipedia.org/wiki/Vermögen_(Wirtschaft)

Nicht nur materielle Assets, sondern auch immaterielle Assets (Wissen, Skills, Kontakte, etc.) sind für Selbstständige und Unternehmer essentiell wichtig. In meinem kostenlosen Buch "Reicher als die Geissens" erwarten Dich eine Menge immaterieller Assets in Form von Wissen. Sichere Dir jetzt Dein kostenloses Exemplar:

https://alex-fischer-duesseldorf.de/fnl/reicher-als-die-geissens/bestellen

Asset Deal

(von englisch asset: Vermögenswert und deal: Geschäft, Handel)

Eine Form des Unternehmenskaufs. Dabei erwirbt der Käufer vom Verkäufer genau festgelegte Teile eines Unternehmens. Dabei kann es sich um materielle (z.B. Grundstücke, Maschinen) oder immaterielle Teile (z.B. Patente, Rechte) handeln.

https://de.wikipedia.org/wiki/Asset_Deal

Auseinandersetzungsguthaben

Scheidet ein Gesellschafter aus einer Gesellschaft aus oder wird sie aufgelöst (liquidiert), entsteht gewöhnlich ein Auseinandersetzungsguthaben. Dieses besteht in der Regel aus der Einlage des Gesellschafters und dem ihm zustehenden Anteil am Vermögen der Gesellschaft.

(Ausnahme bei Genossenschaften, dort ist das Auseinandersetzungsguthaben bei Kündigung auf den Nennwert, also das gezeichnete Kapital, begrenzt. Die Liquidierung der Genossenschaft regelt das Genossenschaftsgesetz und die Satzung.)

Beispiel: Eine GmbH mit zwei Gesellschaftern wird liquidiert. Die GmbH bezahlt all ihre Rechnungen und verkauft all ihr Vermögen. Beide Gesellschafter haben Anspruch auf ihre jeweilige Einlage von 12.500 EUR. Was übrig bleibt ist ein Vermögen in Höhe von z.B. 100.000 EUR (= Auseinandersetzungsguthaben beträgt in diesem Beispiel 125.000 EUR, bzw. 100.000 EUR nach Rückzahlungen der Einlagen). Somit würde jeder Gesellschafter (inkl. Einlage) 62.500 EUR erhalten.

AStG

Außensteuergesetz. Siehe dort.

Außensteuergesetz (AStG)

Ein Gesetz, das sich auf die Steuern von Einzelpersonen und Unternehmen bezieht, die Einkommen und Gewinne von Deutschland ins Ausland zu verlagern versuchen. Natürlich ist es für deutsche Bürger legal, ins Ausland umzuziehen. Auch Unternehmen können ihren Sitz ins Ausland verlegen. Einige tun dies, um von geringeren Steuern zu profitieren. Das ist vom deutschen Fiskus nicht unbedingt erwünscht. Mit dem Außensteuergesetz soll diese Form der Steuervermeidung erschwert oder ganz verhindert werden.

https://de.wikipedia.org/wiki/Außensteuergesetz

Außergewöhnliche Belastungen

Hat ein Steuerzahler unvermeidbare größere Belastungen als andere Steuerzahler (mit vergleichbarem Einkommen, Vermögen oder Familienstand), kann er seine Einkommensteuer senken lassen. Dies muss er beantragen. Dafür müssen die außergewöhnlichen Belastungen in der Steuererklärung angegeben werden. Außergewöhnliche Belastungen können zumindest zum Teil vom zu versteuernden Einkommen abgezogen werden. Dazu zählen nach § 33 Einkommensteuergesetz (EStG) unter anderem:

- Aufwendungen für Heimunterbringung
- Ausgaben für den Unterhalt einer bedürftigen Person
- Pflege- und Betreuungsleistungen
- Krankheitskosten
- Ausgaben für Hilfsmittel und Heilmittel
- Kosten im Zusammenhang mit Schwangerschaft und Geburt
- Ausgaben für Schäden an Haus oder Wohnung (Naturkatastrophen)
- Bestattungskosten

https://de.wikipedia.org/wiki/Außergewöhnliche_Belastung

Bauabzugsteuer

Bei der Bauabzugsteuer handelt es sich genau genommen nicht um eine Steuer, sondern um eine Art, Steuern zu erheben. Ihr Zweck ist es, die illegale Beschäftigung im Baugewerbe zu bekämpfen. Die Regeln sind folgendermaßen: Wenn Bauleistungen in Auftrag gegeben werden, muss der Auftraggeber 15 Prozent der von ihm zu zahlenden Kosten einbehalten und an das Finanzamt der Baufirma überweisen. Tut er das nicht und zahlt die Baufirma ihre Steuern nicht, dann kann es passieren, dass das Finanzamt diese 15 Prozent vom Auftraggeber verlangt.

Ausnahmen: Wenn die Rechnungsbeträge (pro Handwerksunternehmen) im Kalenderjahr 5.000 EUR nicht überschreiten oder wenn die Baufirma eine gültige Freistellungsbescheinigung des Finanzamts vorlegt, muss kein Einbehalt durch den Auftraggeber erfolgen.

https://de.wikipedia.org/wiki/Steuerabzug_bei_Bauleistungen

Beispiel: Du verfügst über mehrere Eigentumswohnungen und lässt sie von der Firma ABC Schnellbau renovieren. Die Kosten belaufen sich auf 50.000 EUR. Da ABC Schnellbau keine Freistellungsbescheinigung des Finanzamtes vorlegen kann, behältst Du 7.500 EUR ein und überweist nur 42.500 EUR an die Firma, die restlichen 7.500 EUR führst Du an das Finanzamt ab, das für die Firma ABC Schnellbau zuständig ist.

Du interessierst Dich für Immobilien? Alle Definitionen und Fachbegriffe der Immobilienwelt findest Du im kostenlosen Immobilienlexikon der Grundlagen:

https://alex-fischer-duesseldorf.de/immobilienlexikon/

BEA Freibetrag (Freibetrag für Betreuung und Erziehung oder Ausbildung)

Siehe unter Kinderfreibetrag.

Besitz

Bedeutet, dass jemand wirklich über eine Sache verfügen kann und sie "in seiner Gewalt" hat, unabhängig davon, ob er ihr Eigentümer ist (= hat rechtliche Herrschaft) oder nicht.

Besitz ist nicht identisch mit Eigentum. Siehe dort.

Beispiel: Emil Eigentümer hat sich eine Eigentumswohnung gekauft und ist somit deren Eigentümer. Wenn er sie selbst bewohnt, hat er auch die Herrschaft über sie. Vermietet er sie aber an Manuela Mieter, dann ist er zwar immer noch Eigentümer, hat aber die Herrschaft über die Eigentumswohnung abgegeben. Manuela Mieter ist für die Mietzeit Besitzerin der Wohnung.

Beispiel: Larry Langfinger stiehlt ein Auto. Er bringt es somit auf gesetzwidrige Weise in seinen Besitz. Damit ist er aber noch lange nicht der Eigentümer des Autos.

https://de.wikipedia.org/wiki/Besitz

Betriebsvermögen

Siehe Betriebsvermögen/Umlaufvermögen.

Betriebsvermögen/Umlaufvermögen

Das Betriebsvermögen eines Unternehmens lässt sich in Anlage- und Umlaufvermögen aufgliedern.

Zum Betriebsvermögen zählen alle Vermögensgegenstände eines Betriebs, abzüglich aller Schulden.

Zum Umlaufvermögen zählen diejenigen Wirtschaftsgüter, die nicht dazu bestimmt sind, dem Geschäftsbetrieb dauerhaft zu dienen. Sie sind dazu bestimmt, verarbeitet, verbraucht oder verkauft zu werden.

Beispiele Anlagevermögen: Fabrikgebäude, zur Produktion dienende Maschinen, zum eigenen Gebrauch vorhandene Fahrzeuge.

Beispiele Umlaufvermögen: Rohstoffe, fertige Erzeugnisse, Bankguthaben, Kassenbestand, Forderungen aufgrund von erbrachten Leistungen.

Beispiel Betriebsvermögen: Beispiel Anlagevermögen plus Beispiel Umlaufvermögen (beides).

https://de.wikipedia.org/wiki/Betriebsvermögen
https://de.wikipedia.org/wiki/Umlaufvermögen

BFH

Bundesfinanzhof. Siehe dort.

Bilanz/Einnahmen-Überschuss-Rechnung

(Bilanz von italienisch bilancio: Gleichgewicht (der Waage))

Bei der Buchführung werden verschiedene Verfahren angewandt und vom Finanzamt gefordert. Das ist unter anderem von der Gesellschaftsform und der Höhe der Einnahmen abhängig. Zwei der Gängigsten sind die **Bilanz** und die **Einnahmen-Überschuss-Rechnung.**

Die **Einnahmen-Überschuss-Rechnung** stellt eine einfache Methode der Buchführung dar. Sie dient zur Gewinnermittlung. Die Einnahmen werden den Ausgaben gegenübergestellt. Die Differenz ist der Gewinn oder Verlust. Freiberufler dürfen ihren Gewinn immer mit Einnahmen-Überschuss-Rechnung ermitteln. Bei Unternehmen und Kaufleuten ist das nur der Fall, wenn ihre Umsätze und Gewinne bestimmte Grenzen nicht überschreiten. Kapitalgesellschaften (GmbH, AG, Genossenschaften etc.) müssen immer bilanzieren.

Eine **Bilanz** ist im Grunde eine Gegenüberstellung von Vermögen und Schulden zu einem bestimmten Zeitpunkt. Auf der linken Seite der Bilanz steht das Vermögen (als Aktiva bezeichnet). Auf der rechten Seite sind Eigenkapital und Schulden (als Passiva bezeichnet) aufgeführt. Die Erstellung einer Bilanz folgt anderen Regeln als eine Einnahmen-Überschuss-Rechnung und ist komplexer, aufwendiger und entsprechend teurer.

https://de.wikipedia.org/wiki/Bilanz

https://de.wikipedia.org/wiki/Einnahmenüberschussrechnung

BMF

Bundesministerium der Finanzen. Siehe dort.

Bruchteilsgemeinschaft

Wenn mehrere Personen etwas gemeinsam besitzen (z.B. eine Eigentumswohnung), bezeichnet man dies als Bruchteilsgemeinschaft. Jedem gehört ein Bruchteil. Gewöhnlich können die Mitglieder der Bruchteilsgemeinschaft nur gemeinsam über den Besitz bestimmen. Jedem Miteigentümer steht es aber gewöhnlich frei, seinen Anteil zu verkaufen.

https://de.wikipedia.org/wiki/Miteigentum

brutto

(von italienisch brutto: roh)

Ohne Abzug der Kosten oder der Steuern.

Beispiel: Wenn Du als Privatperson im Geschäft für 1.190 EUR einen Computer kaufst, ist dies der Bruttobetrag. Er setzt sich aus dem eigentlichen Preis des Rechners (1.000 EUR) und 190 EUR Mehrwertsteuer (19 Prozent) zusammen.

https://de.wikipedia.org/wiki/Brutto

Buchführung

Bedeutet im Grunde nichts anderes als die Führung der Bücher. Genauer gesagt handelt es sich um die genaue Aufzeichnung aller Einnahmen und Ausgaben. Früher wurden diese tatsächlich in Büchern eingetragen. Heutzutage sind die Bücher durch Computer ersetzt worden. Die Buchführung hat mehrere Funktionen. Zum einen gibt sie den Managern eines Unternehmens einen Überblick über dessen finanzielle Situation. Darüber hinaus wird sie vom Finanzamt gefordert, um Steuern zu erheben.

https://de.wikipedia.org/wiki/Buchführung

Buchhaltung

Abteilung eines Unternehmens, das sich mit der Buchführung befasst. Der Begriff Buchhaltung wird umgangssprachlich oft in der gleichen Bedeutung wie Buchführung verwendet.

https://de.wikipedia.org/wiki/Buchhaltung

Buchwert

Begriff aus der Buchführung. Unter Buchwert versteht man den Wert, mit dem ein Vermögensgegenstand in der Bilanz (also den "Büchern") erfasst ist. Wird ein Vermögensgegenstand in die Bilanz aufgenommen, entspricht der Buchwert seinen Anschaffungs- bzw. Herstellungskosten. Mit der Zeit ändert sich der Buchwert, zum Beispiel aufgrund von Abschreibungen. So kann er mit der Zeit vom tatsächlichen Wert des Vermögensgegenstands abweichen.

Beispiel: Ein Gebäude mit einem Anschaffungswert von 500.000 EUR wurde über 50 Jahre mit 2% abgeschrieben. Es steht jetzt nur noch mit einem symbolischen Wert von 1 EUR in den Büchern. Das Gebäude hat inzwischen jedoch einen Marktwert von 2 Mio. EUR. Die Differenz wäre eine stille Reserve.

https://de.wikipedia.org/wiki/Buchwert

Bundesanstalt für Finanzdienstleistungsaufsicht (BaFin)

Eine deutsche Anstalt des öffentlichen Rechts. Sie ist für die Aufsicht über Banken, Finanzdienstleister, Versicherungsunternehmen und den Wertpapierhandel verantwortlich. Über ihr steht das Bundesministerium der Finanzen.

https://de.wikipedia.org/wiki/Bundesanstalt_für_Finanzdienstleistungsaufsicht

Bundesfinanzhof

Das oberste Gericht für Steuer- und Zollangelegenheiten in Deutschland. Es hat seinen Sitz in München.

https://de.wikipedia.org/wiki/Bundesfinanzhof

Bundesministerium der Finanzen

Deutsches Bundesministerium mit Hauptsitz in Berlin. Es ist für die Staatsfinanzen und Steuerpolitik zuständig.

https://de.wikipedia.org/wiki/Bundesministerium_der_Finanzen

Cost Average Effect

Zu gut deutsch **Durchschnittskosteneffekt**. Dieser Begriff bezieht sich auf Geldanlagen und darauf, dass man regelmäßig für den gleichen Betrag (z.B. monatlich 500 EUR) Aktien, Fondsanteile oder dergleichen erwirbt. Da die Kurse der Aktien und Fonds schwanken, erhält man für seinen regelmäßigen Betrag manchmal mehr, manchmal weniger Anteile. Somit wird "antizyklisch" gekauft: sind die Anteilswerte gerade unten, werden mehr Anteile gekauft, sind sie teuer, werden weniger gekauft, da es ja in unserem Beispiel monatlich stets 500 EUR sind. Auf diese Weise sind Schwankungen, bei längeren Ansparlaufzeiten, sogar meist positiv für die Rendite.

Beachte: Je höher das bereits angesparte Guthaben auf Deinem Depotkonto ist, desto schwächer wird der positive Effekt durch die monatlichen Zahlungen. Darum sind die Depotstände 3-5 Jahre vor geplanter Auflösung genau zu beobachten und ggf. auf sichere Anlagen umzuschichten.

https://de.wikipedia.org/wiki/Durchschnittskosteneffekt

Deal

(englisch: Geschäft, Handel)

Geschäft, Vereinbarung, Vertrag.

Destinatär

(von lateinisch destinare: bestimmen, festsetzen, geben, übermitteln, zuteil werden lassen)

Im Deutschen auch als **Begünstigter** bezeichnet. Bezeichnet Einzelpersonen oder Institutionen, die von einer Stiftung potenziell gefördert werden können.

https://de.wikipedia.org/wiki/Destinatär

direkte Steuern/indirekte Steuern

Man kann die verschiedenen Steuerarten in direkte und indirekte Steuern unterteilen. Die direkten Steuern werden direkt vom Steuerpflichtigen oder über Dritte erhoben. Ein Beispiel hierfür ist die Lohnsteuer. Sie wird direkt vom Lohn des Beschäftigten einbehalten und vom Arbeitgeber an das Finanzamt überwiesen. Bei indirekten Steuern muss die Person, die die Steuern letztlich zahlt, diese nicht selbst an das Finanzamt abführen. Sie stecken beispielsweise in den Preisen von Gütern und Dienstleistungen, die wir erwerben. Beispiele dafür sind Mineralölsteuer, Tabaksteuer oder Umsatzsteuer.

https://de.wikipedia.org/wiki/Direkte_und_indirekte_Steuer

Doppelbesteuerungsabkommen

Ein Vertrag zwischen zwei oder mehr Staaten. Durch das Doppelbesteuerungsabkommen wird vermieden, dass jemand, der in verschiedenen Staaten Einkommen bezieht, doppelt besteuert wird. Im Vertrag wird geregelt, in welcher Höhe die betroffene Person in den jeweiligen Staaten Steuern zu zahlen hat.

https://de.wikipedia.org/wiki/Doppelbesteuerungsabkommen

Durchführungsverordnung (DVO)

Gesetze, die in ganz Deutschland befolgt werden müssen, werden vom Bundestag und Bundesrat beschlossen. Eine Durchführungsverordnung hingegen wird von einer Behörde erlassen und steht im Rang unter einem Gesetz. Sie regelt die konkrete Anwendung eines Gesetzes.

Beispiel: Zum Einkommensteuergesetz gibt es die Einkommensteuer-Durchführungsverordnung. Sie gibt zu verschiedenen Paragraphen des Einkommensteuergesetzes Richtlinien und Vorgehensweisen für deren praktische Anwendung vor.

https://de.wikipedia.org/wiki/Ausführungsverordnung

Durchschnittssteuersatz

Der Prozentsatz, den jemand bezogen auf sein gesamtes Einkommen an Steuern bezahlt.

Beispiel: Jemand ist alleinstehend und hat ein zu versteuerndes Einkommen von 50.000 EUR. Davon muss er 13.000 EUR Steuern zahlen. Das entspricht einem Durchschnittssteuersatz von 26 Prozent.

https://de.wikipedia.org/wiki/Durchschnittssteuersatz_(Einkommensteuer)

DVO

Durchführungsverordnung. Siehe dort.

Eigenkapital

Dieser Begriff hat mehrere Bedeutungen. Allgemein bezeichnet er das aus eigenen Mitteln aufgebrachte Kapital zur Finanzierung einer Sache. Im Wirtschaftsbereich bzw. im bilanziellen Sinne ist Eigenkapital das Vermögen abzüglich der Schulden.

Beispiel: Für den Kauf einer Eigentumswohnung benötigt Sebastian Schnapper insgesamt 120.000 EUR. Er leiht sich von seiner Bank 100.000 EUR. Die noch fehlenden 20.000 EUR nimmt er von seinen Ersparnissen. Diese 20.000 EUR sind das eingesetzte Eigenkapital.

Beispiel: Ein Unternehmen besitzt ein Vermögen von 10 Millionen EUR und Schulden/Verbindlichkeiten in Höhe von insgesamt 8 Millionen EUR. Das Eigenkapital beträgt somit 2 Millionen EUR.

https://de.wikipedia.org/wiki/Eigenkapital

Übrigens: Eigenkapital wird für Unternehmer & Investoren immer wieder zum Engpass. Wie Du Dir a) schnell Eigenkapital aufbauen kannst, b) Immobilien sogar mit wenig bis keinem Eigenkapital finanziert bekommst und c) Dein eingesetztes Eigenkapital sogar wieder zurückbekommst, erfährst Du in meinem kostenfreien Buch "Reicher als die Geissens":

https://alex-fischer-duesseldorf.de/fnl/reicher-als-die-geissens/bestellen

Eigentum

Das, was jemandem gehört. Etwas, worüber jemand die rechtliche, aber nicht unbedingt die tatsächliche Herrschaft hat. Eigentum kann natürlichen Personen oder juristischen Personen zugeordnet werden.

Eigentum ist nicht gleich Besitz. Siehe auch dort.

Beispiel: Emil Eigentümer hat sich eine Eigentumswohnung gekauft und ist somit deren Eigentümer. Wenn er sie selbst bewohnt, hat er auch die Herrschaft über sie. Vermietet er sie aber an Manuela Mieter, dann ist er zwar immer noch Eigentümer, hat aber die Herrschaft über die Eigentumswohnung abgegeben. Manuela Mieter ist für die Mietzeit Besitzerin der Wohnung.

Beispiel: Larry Langfinger stiehlt ein Auto. Er bringt es somit auf gesetzwidrige Weise in seinen Besitz. Damit ist er aber noch lange nicht der Eigentümer des Autos.

https://de.wikipedia.org/wiki/Eigentum

Einheitswert

Ein vom Amt festgelegter Richtwert für Immobilien, der für die Berechnung verschiedener Steuern herangezogen wird (beispielsweise für die Grundsteuer). Wenn jemand eine Immobilie erwirbt, erhält er einen Bescheid über den Einheitswert, der dieser Immobilie zugewiesen ist. Der Einheitswert ist nicht mit dem tatsächlichen Wert einer Immobilie identisch.

https://de.wikipedia.org/wiki/Einheitswert

Einkommensteuer (ESt)

Steuer von Privatpersonen, die abhängig vom Einkommen anfällt. Bei Angestellten wird sie in Form der Lohnsteuer erhoben und direkt vom Gehalt abgezogen (Lohnsteuer = eine Einkommenssteuer, in die Freibeträge und pauschale Werbungskosten einkalkuliert wurden und die vom Arbeitgeber abgeführt werden muss). Selbstständige müssen ihr Einkommen selbst angeben und ihre Einkommensteuer eigenhändig bezahlen.

Wie viel Steuern zu zahlen sind, hängt von der Höhe des zu versteuernden Einkommens ab. Bis zu einem Betrag von ca. 9.000 EUR fallen keine Steuern an (Stand 2019). Das bezeichnet man als den Grundfreibetrag. Er wird aufgrund der Inflation jedes Jahr ein wenig erhöht.

Der Bereich von 9.168 EUR bis 14.254 EUR wird als **Progressionszone I** bezeichnet. Hier steigt der Steuersatz von 14 Prozent relativ steil bis hinauf zu 24 Prozent. Die **Progressionszone II** beginnt bei 14.255 EUR und geht bis hinauf zu 55.961 EUR. Der Steuersatz steigt hier langsamer als in der Progressionszone I und geht von 24 Prozent bis auf 42 Prozent hinauf.

In der folgenden **Proportionalzone I** von 55.961 EUR bis zu 265.327 EUR bleibt der Steuersatz für jeden weiteren zu versteuernden Euro bei 42 Prozent. Ab einem zu versteuernden Einkommen von 265.327 EUR beginnt die **Proportionalzone II**. Der Teil des zu versteuernden Einkommens, der über diesen Wert hinausgeht, wird mit 45 Prozent versteuert.

Je höher das Einkommen, desto höher ist der Steuersatz. Dabei ist zu beachten, dass beispielsweise die ersten 9.168 EUR des Einkommens nicht besteuert werden und zwar egal, wie hoch das Einkommen insgesamt ist.

Und: Wenn man beispielsweise 60.000 EUR Einkommen zu versteuern hat, erreicht man zwar den Spitzensteuersatz von 42 Prozent, dieser gilt allerdings nur für das Einkommen ab 55.961 EUR.

https://de.wikipedia.org/wiki/Einkommensteuer

Einkommensteuergesetz (EStG)

Gesetz über die Besteuerung des Einkommens von Privatpersonen.

https://de.wikipedia.org/wiki/Einkommensteuergesetz

Einkommensteuerrichtlinien (EStR)

Anweisungen vom Bundesministerium der Finanzen an die Finanzverwaltung. Die Einkommensteuerrichtlinien sollen für die einheitliche Anwendung des Einkommensteuergesetzes durch die Finanzämter sorgen. So soll verhindert werden, dass ein Finanzamt ein Steuergesetz anders auslegt als ein anderes (Steuergrundsatz "Gleichmäßigkeit der Anwendung").

Einkünfte aus Vermietung & Verpachtung

Bezieht sich auf Einnahmen, die entstehen, wenn man Immobilien besitzt und diese vermietet. Die Überschüsse aus Vermietung und Verpachtung werden als Teil der Einkommensteuer versteuert.

https://de.wikipedia.org/wiki/Einkünfte_aus_Vermietung_und_Verpachtung

Wie die Steuererklärung als Immobilieneigentümer aussieht, erfährst Du hier:

https://www.youtube.com/watch?v=SuMTKRvC754

Einmalvalutierungserklärung

Begriff aus dem Grundbuchrecht. Er bedeutet, dass die Grundschuld eines (gleichrangigen oder vorrangigen) Gläubigers nur als Kreditsicherheit eines bestimmten Darlehens durch die Bank genutzt wird und nicht nochmals nachbeliehen werden darf.

Beispiel: Die Alpha Bank hat im Grundbuch eines Hauses eine erstrangige Grundschuld über eine Million EUR eingetragen. Diese dient als Sicherheit für einen Kredit über eine Million EUR für den Kauf des Hauses. 10 Jahre später leihen wir uns ein Darlehen über 300.000 EUR von der Beta Bank für geplante Sanierungsarbeiten. Die Beta Bank wird im EUR des gleichen Objektes eine nachrangige Grundschuld über 300.000 EUR eintragen.

Sie verlangt dafür von der Alpha Bank eine Einmalvalutierungserklärung mit folgendem Zweck: Die Alpha Bank kann die zu ihren Gunsten im Grundbuch eingetragene Grundschuld ab dann nicht mehr auch als Sicherheit für einen weiteren Kredit verwenden, sondern nur noch für die Restschuld des ursprünglichen Kredites (nach 10 Jahren z.B. nur noch 700.000 EUR), den sie vor 10 Jahren für den Kauf des Hauses bereits gewährt hat.

Damit "rutscht" die nachrangige Beta Bank mit jedem Euro, der auf die erstrangige Million getilgt wird, immer weiter in den erstrangigen Bereich hinein und stärkt somit immer mehr deren Sicherstellung / Sicherheiten.

https://de.wikipedia.org/wiki/Einmalvalutierungserklärung

Einnahmen-Überschuss-Rechnung (EÜR)

Die Einnahmen-Überschuss-Rechnung stellt eine einfache Methode der Buchführung dar. Sie dient zur Gewinnermittlung. Die Einnahmen werden den Ausgaben gegenübergestellt. Die Differenz ist der Gewinn oder Verlust. Freiberufler dürfen ihren Gewinn immer mit der Einnahmen-Überschuss-Rechnung ermitteln. Bei Unternehmen und Kaufleuten ist das nur der Fall, wenn ihre Umsätze und Gewinne bestimmte Grenzen nicht überschreiten. Kapitalgesellschaften (GmbH, AG, Genossenschaften etc.) müssen immer bilanzieren und dürfen somit keine EÜR machen.

https://de.wikipedia.org/wiki/EinnahmenÜberschussrechnung

Einspruchsverfahren

Wenn jemand mit einem Steuerbescheid ("Verwaltungsakt") nicht übereinstimmt (ihn für fehlerhaft hält), kann er Einspruch erheben. Damit setzt er ein sogenanntes Einspruchsverfahren in Gang. Das Finanzamt prüft dann, ob der Einspruch zulässig und begründet ist. Die Einspruchsfrist beträgt einen Monat nach Bekanntgabe des "Verwaltungsaktes" (= Bescheid etc). Einsprüche haben keine sogenannte "aufschiebende Wirkung", das heißt das Finanzamt könnte trotzdem vollstrecken. Du kannst jedoch gleichzeitig mit dem Einspruch die sogenannte "Aussetzung der Vollziehung" beantragen.

Beispiel: Lars Löhner erhält am 12. März 2019 einen Einkommensteuerbescheid, gemäß dem er 22.000 EUR Steuern zu zahlen hätte. Er stellt fest, dass sein zu versteuerndes Einkommen zu hoch angesetzt wurde. Im Steuerbescheid steht der Hinweis, dass er einen Monat Zeit hat, Einspruch zu erheben. Von dieser Möglichkeit macht er Gebrauch. Er schreibt einen entsprechenden Brief, in dem er seinen Einspruch ausdrückt inkl. Begründung und um Aussetzung der Vollziehung ersucht.

https://de.wikipedia.org/wiki/Einspruchsverfahren

Elster

Abkürzung für Elektronische Steuererklärung.

Ein Projekt zur Abwicklung von Steuererklärungen von Bund und Ländern. Wer Internetzugang hat, der ist verpflichtet, seine Steuererklärung auf elektronischem Weg abzugeben. Die Elster-Software ist eine kostenfreie Möglichkeit, das zu tun.

https://de.wikipedia.org/wiki/Elster_(Software)

Entität

(von lateinisch esse: Sein)

Eine in sich geschlossene Einheit, etwas, das existiert. Im Rahmen unserer Materialien zum Thema Steuern werden auch natürliche Personen und juristische Personen als Entitäten bezeichnet.

Erbersatzsteuer

Bei deutschen Familienstiftungen unterliegt das Vermögen alle dreißig Jahre der sogenannten Erbersatzsteuer. Dabei wird wie folgt vorgegangen: Zuerst wird bestimmt, welcher Teil des Vermögens zu versteuern ist. Für diesen Betrag wird die Steuer berechnet, als würde das Vermögen auf zwei Kinder übertragen werden. Als Folge davon entsteht ein Freibetrag von 800.000 EUR (400.000 EUR für jedes fiktive „Kind"). Was darüber hinausgeht, wird gemäß dem entsprechenden Satz der Erbschaftssteuer versteuert. Der Steuersatz richtet sich nach der Summe und beträgt in diesem Fall (Vererbung an „Kinder") maximal 30 Prozent. Diese kann in 30 jährlichen Raten (bei einer Verzinsung von 5%) bezahlt werden.

Erbschaft

Etwas, was jemand erbt. Wenn jemand stirbt, gehen Vermögen und Verbindlichkeiten an seine Erben über. Das ist die Erbschaft. Nachdem ein Erbe über eine ihm zustehende Erbschaft informiert wurde, hat er sechs Wochen Zeit, das Erbe abzulehnen. Geschieht das nicht, wird er automatisch Rechtsnachfolger des Verstorbenen, mit allen Rechten und Pflichten.

https://de.wikipedia.org/wiki/Erbschaft#

Erbschaftsteuer

Steuer, die auf Erbschaften Anwendung findet. Sie wird ähnlich behandelt wie die Schenkungsteuer. Der Unterschied: Bei einer Erbschaft stirbt der Überträger des Vermögens, wohingegen es bei einer Schenkung zu Lebzeiten übertragen wird.

Je nach Verwandtschaftsgrad existieren bestimmte Freibeträge, die nicht versteuert werden müssen. Für alles, was darüber hinausgeht, ist Erbschaftsteuer zu zahlen. Der Prozentsatz der Steuer hängt ebenfalls vom Verwandtschaftsgrad ab.

https://de.wikipedia.org/wiki/Erbschaftsteuer

Erhaltungsaufwand

(Im Steuerrecht) Aufwendungen für die laufende und vorbeugende Instandhaltung privater und gewerblicher Wirtschaftsgüter. Sind grundsätzlich im Jahr der Aufwendung absetzbar/abzugsfähig.

ESt

Einkommensteuer. Siehe dort.

EStG

Einkommensteuergesetz. Siehe dort.

EStR

Einkommensteuerrichtlinien. Siehe dort.

EÜR

Einnahmen-Überschuss-Rechnung. Siehe dort.

Familienstiftung

Eine besondere Form der Stiftung. Dabei stehen der Stifter und zumindest einige der von der Stiftung Begünstigten in einem verwandtschaftlichen Verhältnis. Eine Familienstiftung ist in der Regel nicht gemeinnützig. Nur wenn der „private Anteil" der Stiftung maximal ein Drittel des Stiftungsgewinns beträgt und der Rest gemeinnützig ist, handelt es sich aus rechtlicher Sicht um eine gemeinnützige Stiftung.

https://de.wikipedia.org/wiki/Stiftung_(Deutschland)#Familienstiftungen

Fenstersteuer

Eine nicht mehr gebräuchliche Steuer, die ein Eigentümer auf die zu seinem Wohnraum gehörenden Fenster zu zahlen hatte. Anhand der Fenstersteuer ist leicht nachzuvollziehen, welche Wirkung eine Steuer entfalten kann. Um nämlich weniger Fenstersteuer zahlen zu müssen, wurden Gebäude mit relativ kleinen Fenstern gebaut. Teilweise wurden bereits existierende Fenster zugemauert. Die Auswirkungen dieser Steuer (inkl. der "Stucksteuer") kann man heute noch bei ehemals schönen Altbauten erkennen.

https://de.wikipedia.org/wiki/Fenstersteuer

FG

Finanzgericht. Siehe dort.

Finanzgericht (FG)

Die erste Instanz bei gerichtlichen Verfahren zu Steuer- und Zollangelegenheiten. Wenn jemand beispielsweise gerichtlich gegen einen Bescheid des Finanzamtes vorgehen will, ist das zuständige Finanzgericht die erste Anlaufstelle. Über den Finanzgerichten steht der Bundesfinanzhof.

https://de.wikipedia.org/wiki/Finanzgericht

Firma

Rechtlich bezeichnet man mit Firma den Namen, unter dem ein Kaufmann seine Geschäfte betreibt. Umgangssprachlich ist damit ein Unternehmen gemeint.

https://de.wikipedia.org/wiki/Firma

Firmensitz

Die Adresse eines Unternehmens. Der Firmensitz ist im Handelsregister eingetragen. Jeglicher Briefverkehr mit dem Unternehmen erfolgt über den Firmensitz. Der steuerliche Firmensitz ist anders definiert als z.B. der gewerberechtliche Firmensitz (siehe Teil "Steuerfallen" Woche 1 des Next Level Steuer Coachings).

https://de.wikipedia.org/wiki/Sitz_(juristische_Person)

Fiskus

(von lateinisch fiscus: (Geld)korb, Schatulle des Kaisers)

Gemeint ist der Staat aus wirtschaftlicher Sicht, die "öffentliche Hand". Im Gegensatz zum Staat als Träger der Staatsgewalt und der Hoheitsrechte (Gesetzgebung, Gerichtsbarkeit etc.).

https://de.wikipedia.org/wiki/Fiskus

Freiberufler

Beachte: *Freelancer und freier Mitarbeiter mögen sich ähnlich anhören, sind aber grundverschieden.*

Bezeichnet eine Person, die eine berufliche Tätigkeit ausübt, die nicht der Gewerbeordnung unterliegt und einen erzieherischen, künstlerischen, schriftstellerischen, unterrichtenden oder wissenschaftlichen Hintergrund hat. Dazu zählen zum Beispiel Ärzte, Architekten, Fotografen, Ingenieure, Künstler, Rechtsanwälte und Softwareentwickler. Eine vollständige Liste der anerkannten freiberuflichen Tätigkeiten führt § 18 des Einkommensteuergesetzes (EStG) auf.

Freiberufler müssen kein Gewerbe anmelden und keine Gewerbesteuer zahlen. Für einige freiberufliche Tätigkeiten (beispielsweise Ärzte, Architekten, Ingenieure und Rechtsanwälte) sind besondere Qualifikationen erforderlich. Für andere (wie Maler oder Schriftsteller) nicht.

https://de.wikipedia.org/wiki/Freier_Beruf_(Deutschland)

freiberufliche/gewerbliche Tätigkeit

Bei selbstständigen Tätigkeiten stellt sich manchmal die Frage, ob man dabei einer freiberuflichen oder gewerblichen Tätigkeit nachgeht. Freiberufler haben gegenüber Gewerbetreibenden einige Vorteile: Sie müssen kein Gewerbe anmelden, zahlen keine Gewerbesteuer, müssen nicht der IHK (Industrie- und Handelskammer) oder einer Handwerkskammer beitreten und können ihre Buchführung mit der relativ einfachen Einnahmen-Überschuss- Rechnung durchführen.

Welche Berufe zu den freiberuflichen Tätigkeiten zählen, regelt § 18 Einkommensteuergesetz (siehe auch unter Freiberufler). Alle anderen selbstständigen Tätigkeiten machen einen zum Gewerbetreibenden. Dabei kommen einige der Nachteile erst bei höherem Einkommen zum Tragen. Gewerbesteuer fällt nur auf Gewinne an, die einen Betrag von 24.500 EUR im Jahr übersteigen. Eine Bilanz muss nur erstellen, wer einen jährlichen Umsatz von mehr als 600.000 EUR oder einen jährlichen Gewinn von mehr als 60.000 EUR erwirtschaftet (Stand 2019).

https://de.wikipedia.org/wiki/Freier_Beruf_(Deutschland)

Freibetrag

Siehe unter Steuerfreibetrag.

https://de.wikipedia.org/wiki/Freibetrag

Freibetrag für Betreuung und Erziehung oder Ausbildung (BEA Freibetrag)

Siehe unter Kinderfreibetrag.

Freibetrag/Lohnsteuerkarte

Auf der elektronischen Lohnsteuerkarte kann ein Freibetrag eingetragen werden. Dadurch werden jeden Monat weniger Steuern und

Sozialabgaben vom Bruttogehalt abgezogen. Die Voraussetzung sind regelmäßige Ausgaben (zum Beispiel Ausbildungskosten, Fahrtkosten, Verluste aus Vermietung), die den Betrag von 600 EUR im Jahr übersteigen. Der Freibetrag muss beim Finanzamt beantragt und begründet werden.

Hinweis: Jeder Arbeitnehmer erhält sowieso einen jährlichen Freibetrag von 1.000 EUR im Jahr. Das ist der sogenannte „Arbeitnehmer-Pauschbetrag". Ein pauschaler Freibetrag. Wenn man die oben erwähnten 600 EUR erreichen will, muss man also eigentlich mindestens 1.600 EUR regelmäßige Ausgaben haben, um einen Freibetrag auf der Lohnsteuerkarte eintragen zu lassen.

https://de.wikipedia.org/wiki/Freibetrag

Freistellungsauftrag

Eine Anweisung an eine Bank oder ein Kreditinstitut. Damit kann der Freibetrag auf die Abgeltungssteuer (Steuer auf Zinsen etc.) ausgenutzt werden. Siehe unter Abgeltungssteuer. Wenn man Konten bei mehreren Banken und Geldinstituten hat, kann man mehrere Freistellungsaufträge abgeben. Der gesamte Freibetrag darf aber nicht über 801 EUR (Stand 2019) hinausgehen, falls doch wird das als Steuerhinterziehung gewertet. Stellt man keinen Freistellungsauftrag, wird auf die gesamten Zinsen, die man erhält, Abgeltungssteuer erhoben und an das Finanzamt abgeführt. Im Rahmen der jährlichen Steuererklärung können zu viel gezahlte Abgeltungssteuern wieder zurück- geholt werden (wenn z.B. der Freistellungsauftrag vergessen wurde).

Fremdkapital

Geld, das jemandem von einem anderen geliehen wird. Das Fremdkapital kann von einer Bank oder aus anderen Quellen stammen.

Beispiel: Für den Kauf einer Eigentumswohnung benötigt Sebastian Schnapper insgesamt 120.000 EUR. Er leiht sich von seiner Bank 100.000 EUR. Die noch fehlenden 20.000 EUR nimmt er von seinen Ersparnissen. Die 100.000 EUR, die er von der Bank erhält, bezeichnet man als Fremdkapital.

https://de.wikipedia.org/wiki/Fremdkapital

Warum Fremdkapital bzw. finanzierte Immobilien der Schlüssel zum Aufbau von Vermögen sind, erfährst Du in diesem Video:

https://www.youtube.com/watch?v=1vVNw5iuls4

geldwerter Vorteil

Auch Sachleistungen oder Sachbezüge genannt, im Rahmen eines Arbeitsverhältnisses. Als geldwerten Vorteil bezeichnet man eine Vergütung, die über das Gehalt hinausgeht. Dazu gehört beispielsweise ein Firmenwagen, der auch privat genutzt werden darf. Oder ein Rabatt auf Produkte des Unternehmens, freie Unterkunft, Verpflegung etc. Die meisten geldwerten Vorteile sind ähnlich wie liquide Einnahmen zu versteuern.

https://de.wikipedia.org/wiki/Sachbezug

Genossenschaft

Bezeichnung für eine deutsche Rechtsform. Eine Vereinigung oder ein Zusammenschluss von mindestens drei Personen mit dem Ziel, die einzelnen Mitglieder durch gemeinschaftlichen Geschäftsbetrieb kulturell, sozial oder wirtschaftlich zu fördern. (Abkürzung e. G. oder eG für eingetragene Genossenschaft.)

Beispiel: Raiffeisenbanken sind Genossenschaften, bei denen man nicht nur Kunde, sondern auch Mitglied wird, womit gewisse Vorteile verbunden sind.

https://de.wikipedia.org/wiki/Genossenschaft

Genossenschaftsgesetz

Bezieht sich auf das Gesetz betreffend die Erwerbs- und Wirtschaftsgenossenschaften, das bereits 1889 in Kraft trat. Ursprünglich war es nur für wirtschaftliche Interessen gedacht. Mit der Überarbeitung aus dem Jahr 2006 sind auch kulturelle und soziale Zwecke möglich. Zweck der Novelle aus 2006 war es, die Gründung auch von kleinen Genossenschaften zu erleichtern (früher mindestens sieben Mitglieder, heute nur drei nötig etc.).

https://de.wikipedia.org/wiki/Genossenschaftsgesetz

geringwertiges Wirtschaftsgut (GWG)

Ein geringwertiges Wirtschaftsgut ist laut Einkommensteuergesetz ein "selbstständig nutzbarer, beweglicher und abnutzbarer Gegenstand des Anlagevermögens, dessen Anschaffungs- oder Herstellungskosten bei maximal 800 EUR (ohne Umsatzsteuer) liegen". Der steuerliche Vorteil besteht darin, dass ein geringwertiges Wirtschaftsgut im Jahr der Anschaffung oder Herstellung vollständig abgeschrieben werden kann. Siehe auch unter Abschreibung.

Diese Definition schließt z.B. aus, dass einzelne Teile einer Küchenzeile jeweils als GWG abgesetzt werden, da sie nicht getrennt nutzbar wären. Küchen gelten als "bewegliches Wirtschaftsgut".

https://de.wikipedia.org/wiki/Geringwertiges_Wirtschaftsgut

Gesamtbetrag der Einkünfte

Ein Begriff aus dem Einkommensteuerrecht. Er entspricht dem Gesamtbetrag der Einkünfte abzüglich Altersentlastungsbetrag (ab einem Alter von 65 Jahren), Entlastungsbetrag für Alleinerziehende und (soweit zutreffend) Abzug für Land- und Forstwirte.

Beispiel: Kati Kreativ hat als Grafikerin einen Jahresgewinn von 30.000 EUR. Hinzu kommen weitere Einkünfte aus Vermietung einer Eigentumswohnung von jährlich 5.000 EUR (damit ist der Überschuss gemeint, den sie mit der Eigentumswohnung erwirtschaftet). Zusammen also 35.000 EUR. Mit ihren 30 Jahren hat sie keinen Anspruch auf den Altersentlastungsbetrag. Sie ist weder alleinerziehend noch in der Land- oder Forstwirtschaft tätig. Somit liegt der Gesamtbetrag der Einkünfte bei ihr genau bei 35.000 EUR.

Gesamthandsgemeinschaft

Zum Beispiel eine GbR, eine Erbengemeinschaft, eine Wohnungseigentümergemeinschaft, eine Gruppe von Personen, denen Eigentum gemeinsam zusteht und die nur gemeinsam darüber verfügen können.

https://de.wikipedia.org/Gesamthandsgemeinschaft

Gesamthandsvermögen

Bezieht sich auf Eigentum, das mehreren Personen gemeinsam zusteht und über das sie nur gemeinsam verfügen können. Alle Anteile der Mitglieder eines solchen Eigentums zusammen ergeben das Gesamthandsvermögen.

https://de.wikipedia.org/wiki/Gesamthandseigentum

Gesamtrechtsnachfolge

Unter Rechtsnachfolge versteht man den Übergang von Rechten und Pflichten von einer juristischen Person oder natürlichen Person auf eine andere. Das kann zum Beispiel durch Erbschaft oder Verkauf geschehen. Der Erbe oder Käufer ist dabei der Rechtsnachfolger. Bei der Gesamtrechtsnachfolge werden alle Rechte und Pflichten auf den Rechtsnachfolger übertragen, nicht nur einige.

https://de.wikipedia.org/wiki/Rechtsnachfolge#Arten

Geschäftsführer

Jemand, der ein Unternehmen leitet und es nach außen vertritt. Der Geschäftsführer kann ein Gesellschafter sein, also Anteile am Unternehmen besitzen, muss es aber nicht. Je nach Gesellschaftsform nennt man den Leiter/Vertreter auch "Vorstand" (z.B. bei Aktiengesellschaften und Genossenschaften)

https://de.wikipedia.org/wiki/Geschäftsführung_(Deutschland)

Gesellschaft bürgerlichen Rechts (GbR)

Ein Zusammenschluss von mindestens zwei "Rechtssubjekten" (Personen oder Firmen = Gesellschafter), die einen Gesellschaftervertrag vereinbaren. Damit verpflichten sie sich, einen gemeinsamen Zweck anzustreben. Alle Gesellschafter haften dabei mit ihrem Privat- bzw. Firmenvermögen.

https://de.wikipedia.org/wiki/Gesellschaft_bürgerlichen_Rechts

Gesellschafter

Ein Teilhaber eines Unternehmens. Es kann sich um eine natürliche Person handeln oder eine juristische Person.

https://de.wikipedia.org/wiki/Gesellschafter

Gesellschafterversammlung

Treffen der Gesellschafter eines Unternehmens. Bei der Gesellschafterversammlung können die einzelnen Gesellschafter Themen besprechen und Entscheidungen über das Unternehmen herbeiführen.

https://de.wikipedia.org/wiki/Gesellschafterversammlung

gesonderte und einheitliche Feststellungserklärung

Eine sogenannte „Erklärung zur gesonderten und einheitlichen Feststellung" muss abgegeben werden, wenn mehrere Personen Einkünfte aus einer Einkunftsquelle erhalten.

Beispiel: Mehrere Personen betreiben eine Photovoltaikanlage auf dem Dach eines Hauses. Sie speisen den produzierten Strom auch ins Verbrauchernetz ein und erhalten dafür eine Vergütung. Da sie Einnahmen erzielen, sind diese steuerpflichtig. Um genau aufgliedern zu können, wer welchen Anteil an den Einnahmen (und gegebenenfalls auch Verlusten) hat, muss beim zuständigen Finanzamt eine „Erklärung zur gesonderten und einheitlichen Feststellung" abgegeben werden.

https://de.wikipedia.org/wiki/Gesonderte_und_einheitliche_Feststellung_von_Besteuerungsgrundlagen

Gewerbesteuer (GewSt)

Steuer, die ein Gewerbebetrieb abführen muss. Dazu zählen Personen, die ein Gewerbe ausüben, wie auch Unternehmen. Die Gewerbesteuer wird von den Gemeinden erhoben, die auch ihre Höhe über den sogenannten Hebesatz festlegen. Für sie stellt diese Steuer eine der wichtigsten Einkunftsarten dar. Bei Personen (und Personengesellschaften) gilt ein jährlicher Freibetrag von 24.500 EUR. Alle darüber hinaus erzielten Erträge (Gewinne) werden der Gewerbesteuer unterworfen, welche im Jahr der Zahlung bis zu einen gewissen Satz auf die Einkommensteuer anrechenbar ist. Kapitalgesellschaften haben grundsätzlich keinen Freibetrag und sind somit von Beginn an gewerbesteuerpflichtig.

https://de.wikipedia.org/wiki/Gewerbesteuer

gewerbliche Tätigkeit

Siehe freiberufliche/gewerbliche Tätigkeit.

Gewinneinkünfte

Ein Begriff aus dem Einkommensteuerrecht. Zu den Gewinneinkünften zählen Einkünfte aus der Land- und Forstwirtschaft, Einkünfte aus Gewerbebetrieb und Einkünfte aus selbstständiger Arbeit.

https://de.wikipedia.org/wiki/Gewinneinkünfte

Gewinn- und Verlustrechnung (GuV)

Begriff aus der Buchführung. Bei der Gewinn- und Verlustrechnung werden Einnahmen (Gewinne) und Ausgaben (Verluste) gegenübergestellt. Sie ist Teil einer Bilanz.

https://de.wikipedia.org/wiki/Gewinn-_und_Verlustrechnung

Gewinn- und Verlustrechnung/Einnahmen-Überschuss-Rechnung

Bei beiden Begriffen handelt es sich um Methoden, um den finanziellen Erfolg zu berechnen. Dabei werden in beiden Fällen die Einnahmen und Ausgaben gegenübergestellt. Allerdings ist die Gewinn- und Verlustrechnung umfangreicher und komplizierter als die Einnahmen-Überschuss-Rechnung.

Im Grunde muss jeder Unternehmer seinen Gewinn über eine Gewinn- und Verlustrechnung ermitteln. Sie ist Teil einer Bilanz. Für einige Berufsgruppen gelten Ausnahmen. Freiberufler dürfen ihren Gewinn immer mit der Einnahmen-Überschuss-Rechnung ermitteln. Bei Unternehmen und Kaufleuten ist das nur der Fall, wenn ihre Umsätze und Gewinne bestimmte Grenzen nicht überschreiten (Umsatz von weniger als 600.000 EUR oder Gewinn von weniger als 60.000 EUR im Jahr, Stand 2019).

https://de.wikipedia.org/wiki/Gewinn-_und_Verlustrechnung

https://de.wikipedia.org/wiki/Einnahmenüberschussrechnung

GewSt

Gewerbesteuer. Siehe dort.

GoB

Grundsätze ordnungsgemäßer Buchführung. Siehe dort.

Grenzsteuersatz

Der Grenzsteuersatz gibt an, wie hoch der Steueranteil an jedem zusätzlich verdienten EUR ausfällt. Das ist deshalb von Interesse, weil bei der Einkommensteuer abhängig vom Einkommen verschieden hohe Steuersätze anfallen (siehe Grafik unter Einkommensteuer).

Beispiel: Ein Alleinstehender verdient 8.000 EUR im Jahr. Dafür fallen keine Steuern an. Verdient er 9.000 EUR, sind auch auf den zusätzlichen Verdienst keine Steuern zu zahlen. Der Grenzsteuersatz wäre somit 0 Prozent.

Beispiel: Ein Alleinstehender verdient 20.000 EUR im Jahr. Dafür fallen 2.414 EUR Einkommensteuer an (Stand 2019). Das entspricht einem durchschnittlichen Steuersatz von 12,07 Prozent. Verdient er aber 21.000 EUR, muss er 2.680 EUR Steuern zahlen. Sein durchschnittlicher Steuersatz ist auf 12,76 Prozent gestiegen. Der Grenzsteuersatz aber, der sich nur auf die zusätzlichen 1.000 EUR bezieht, liegt bei rund 26 Prozent.

Beispiel: Ein Alleinstehender verdient 40.000 EUR im Jahr. Dafür fallen 8.569 EUR Einkommensteuer an (Stand 2019). Das entspricht einem durchschnittlichen Steuersatz von 21,42 Prozent. Verdient er stattdessen 41.000 EUR, muss er 8.911 EUR Steuern zahlen. Sein durchschnittlicher Steuersatz ist auf 21,76 Prozent gestiegen. Der Grenzsteuersatz aber, der sich nur auf die zusätzlichen 1.000 EUR bezieht, liegt bei rund 35 Prozent.

https://de.wikipedia.org/wiki/Grenzsteuersatz

Grenzwert

Bezieht sich auf die steuerliche Abschreibung von Wirtschaftsgütern. Alle Wirtschaftsgüter eines Unternehmens, deren Nettoanschaffungskosten (ohne Umsatzsteuer) über 800 EUR liegen (Stand 2018), müssen über mehrere Jahre verteilt abgeschrieben werden. Bis zu einem Nettobetrag von 800 EUR (dem sogenannten Grenzwert) können sie im Jahr des Erwerbs vollständig abgeschrieben/abgesetzt werden. Weitere Details und Beispiele unter Abschreibung.

Grunderwerbsteuer

Eine Steuer, die beim Erwerb von Grundbesitz, also Immobilien, anfällt. Ihre Höhe ist in jedem Bundesland unterschiedlich. Sie beträgt zwischen 3,5 und 6,5 Prozent des Kaufpreises (Stand 2019). Beim Erwerb einer Eigentumswohnung ist vom Kaufpreis der Anteil der Instandhaltungsrücklage abzuziehen, der auf die Eigentumswohnung entfällt. Warum? Weil der Käufer für diesen Teil seines Kaufpreises quasi einen Geldbetrag erwirbt, keinen Grundbesitz. Gleiches gilt für Einbaumöbel und -küchen etc. Auf den Rest fällt Grunderwerbsteuer an.

Beispiel: Jemand erwirbt in Düsseldorf für 100.000 EUR eine Eigentumswohnung. Da der Satz für die Grunderwerbsteuer in Nordrhein-Westfalen 6,5 Prozent beträgt, wären 6.500 EUR Grunderwerbsteuer zu entrichten. Die Eigentümergemeinschaft des Gebäudes, in dem sich die Eigentumswohnung befindet, verfügt über eine Instandhaltungsrücklage von 80.000 EUR. Davon entfallen auf die erworbene Eigentumswohnung 2.000 EUR. Somit muss der Käufer nur auf eine Summe von 98.000 EUR Grunderwerbsteuer zahlen, also 6.370 EUR. In der Regel bringt der Notar in Erfahrung, wie hoch die Instandhaltungsrücklage ist und gibt das im notariellen Kaufvertrag an.

https://de.wikipedia.org/wiki/Grunderwerbsteuer

Du hast etwas mit Immobilien zu tun? Dann ist das Immobilienlexikon der Grundlagen sicherlich auch spannend für Dich:

https://alex-fischer-duesseldorf.de/immobilienlexikon/ (kostenlos)

Grundsätze ordnungsgemäßer Buchführung (GoB)

Als Grundsätze ordnungsgemäßer Buchführung bezeichnet man in Deutschland die allgemein gültigen Regeln zur Buchführung. Ein Teil davon basiert auf Gesetzen, ein anderer besteht aus Regeln, die sich in der Praxis ergeben haben. Auch Empfehlungen von Wirtschaftsverbänden gehören dazu. Zu diesen Regeln zählt beispielsweise der Grundsatz der Klarheit und Übersichtlichkeit. Das bedeutet, dass die Buchführung verständlich sein muss und so beschaffen, dass sie von einem Dritten (zum Beispiel einem Finanzbeamten oder Banker) innerhalb kurzer Zeit verstanden werden kann.

https://de.wikipedia.org/wiki/Grundsätze_ordnungsmäßiger_Buchführung

Grundsteuer

Regelmäßig anfallende Steuer auf Grundbesitz (Grundstücke und Immobilien). Sie wird von der Gemeinde, in dem sich der Grundbesitz befindet, erhoben. Die Grundsteuer ist bei vermieteten Immobilien auf den Mieter umlegbar. In der Regel sind Zahlungen für die Grundsteuer vierteljährlich zu leisten.

https://de.wikipedia.org/wiki/Grundsteuer

Grundstück

Als Grundstück wird im Allgemeinen ein abgegrenzter Bereich der Erdoberfläche bezeichnet. Aus juristischer Sicht sind Immobilien immer das Grundstück, auf dem sie stehen und durch das ihre genaue Lage beschrieben wird. Daher wird eine Eigentumswohnung juristisch zum Beispiel als "Grundstück XY, verbunden mit dem Sondereigentum an der Wohnung Nummer 2" bezeichnet. Juristisch sind Immobilien in Deutschland also "Grundstücke mit etwas darauf".

https://de.wikipedia.org/wiki/Grundstück

GuV

Gewinn- und Verlustrechnung. Siehe dort

GWG

Geringwertiges Wirtschaftsgut. Siehe dort.

Herstellungsaufwand/-kosten

(HGB, UGB) Kosten für die Herstellung eines Vermögensgegenstandes UND zusätzlich die Kosten für dessen Erweiterung UND für eine über seinen ursprünglichen Zustand hinausgehende wesentliche Verbesserung.

Handelsgesetzbuch (HGB)

Gesetzestext, der das Handelsrecht in Deutschland behandelt.

https://de.wikipedia.org/wiki/Handelsgesetzbuch

HGB

Handelsgesetzbuch. Siehe dort.

Höchstwertprinzip

Begriff aus der Buchführung. Er gehört zu den Grundsätzen ordnungsgemäßer Buchführung (siehe dort). Bei der Buchführung werden Schulden (Fremdkapital) Werte (in Euro) zugewiesen, damit man das Vermögen genau bestimmen kann. In manchen Fällen gibt es mehrere Möglichkeiten, den Wert zu bestimmen. Gemäß dem Höchstwertprinzip soll dabei der höchste Wert zugewiesen werden. Das Gegenteil ist das Niederstwertprinzip, das auf Vermögen angewandt wird. Dabei wird bei mehreren möglichen Werten der niedrigste gewählt. Zweck ist es, "vorsichtig", wie ein "ordentlicher Kaufmann", zu kalkulieren und eventuelle Gläubiger zu schützen.

https://de.wikipedia.org/wiki/Höchstwertprinzip

Holding

(von englisch holding: (Aktien)besitz; etwas, das (Anteile) "hält")

Kurzform für Holdinggesellschaft. Zu gut Deutsch Dachgesellschaft oder Muttergesellschaft. Meist ein Unternehmen, dessen einziger Zweck darin besteht, Kapitalbeteiligungen an anderen Unternehmen zu halten. Dazu zählen Erwerb und Verwaltung von Unternehmensbeteiligungen. Der Vorteil einer Holding liegt vor allem in der Trennung von Risiken und möglichen Steuervorteilen. Der Nachteil ist die Abhängigkeit der Tochtergesellschaften von der Muttergesellschaft (Holding). Es gibt noch verschiedene weitere Arten von Holdings, die weitere Zwecke verfolgen (wie z.B. “operative Holding”, “Management Holding” etc.).

Beispiel: Das Unternehmen „Google“ wurde 2015 umstrukturiert, indem die verschiedenen Unternehmensbereiche als eigenständige Unternehmen unter dem Dach der Holding „Alphabet Inc.“ etabliert wurden. Das Suchmaschinenunternehmen „Google“ ist seitdem eine Tochterfirma von „Alphabet Inc.“.

https://de.wikipedia.org/wiki/Holding

indirekte Steuern

Siehe direkte Steuern/indirekte Steuern.

Instandhaltung

(nach DIN = Deutsche Industrie Norm) Aktionen, die den funktionsfähigen Zustand erhalten oder bei Ausfall wieder- herstellen (bei technischen Systemen, Bauelementen, Geräten und Betriebsmitteln).

Als Reparatur *(von lateinisch reparare: wiederherstellen)* bzw. Instandsetzung wird der Vorgang verstanden, bei dem ein defektes Objekt in einen funktionsfähigen Zustand zurückversetzt wird. Diese sind nach DIN 31051 Teil der Instandhaltung. Sind steuerlich grundsätzlich im Jahr der Aufwendung absetzbar/abzugsfähig.

Jahresabschluss

Umfangreiche Offenlegung der Vermögenssituation und die Berechnung von Gewinn und Verlust am Ende eines Geschäftsjahres. Der Jahresabschluss stellt die finanzielle Situation dar und beinhaltet den Abschluss der Buchführung für das betreffende Jahr.

Kleine Gewerbetreibende (mit weniger als 600.000 EUR Umsatz oder weniger als 60.000 EUR Gewinn im Geschäftsjahr, die diese Grenzen auch in den beiden Vorjahren nicht überschritten hatten) und Freiberufler sind nicht zur Aufstellung und Einreichung eines Jahresabschlusses verpflichtet.

Kapitalgesellschaften (wie zum Beispiel Aktiengesellschaften) müssen ihren Jahresabschluss offenlegen. Welche Informationen dabei zu veröffentlichen sind, hängt von ihrer Größe ab.

https://de.wikipedia.org/wiki/Jahresabschluss

juristische Person

Rechtlich unterscheidet man natürliche und juristische Personen. Eine natürliche Person ist ein einzelner Mensch als Träger von Rechten und Pflichten.

Jeder Einzelne von uns ist eine natürliche Person. Als juristische Person bezeichnet man hingegen eine selbstständige und vom Gesetz anerkannte Gruppe von Personen. Genau wie die natürliche Person hat eine juristische Person Rechte und Pflichten (= rechtsfähig). Sie kann ebenso Vermögen besitzen, kann erben, sowohl klagen wie auch verklagt werden.
Zu juristischen Personen zählen beispielsweise Vereine, Aktiengesellschaften, GmbHs und viele weitere.

Beispiel: Fritz Müller ist eine natürliche Person.

Beispiel: Der Fußballverein „Düsseldorfer Turn- und Sportverein Fortuna 1895 e. V." (offizieller Name von Fortuna Düsseldorf) ist eine juristische Person.

Beispiel: Das „Zweite Deutsche Fernsehen (ZDF)" ist eine öffentlich-rechtliche Sende- anstalt und somit eine juristische Person.

https://de.wikipedia.org/wiki/Juristische_Person

Übrigens: Steuern zu gestalten, ist das Spiel des Zuweisens von Bedeutung an Zahlen in der richtigen Identität. Wer das besser beherrscht, gewinnt. Was es damit auf sich hat und wie wichtig Deine verschiedenen Identitäten im Bereich Steuern sind, erfährst Du in diesem Video:

https://www.youtube.com/watch?v=kMcwq_jKa1k

(dieses Wissen ist absolute Pflichtlektüre im Bereich Steuern!)

kalte Progression

(Progression von lateinisch progressio: Entwicklung, Fortschritt)

Laut Gesetzgeber wird sie wie folgt definiert: „Kalte Progression ist die Bezeichnung für eine Steuermehrbelastung, die dann eintritt, wenn Lohnsteigerungen lediglich einen Inflationsausgleich bewirken und die Einkommensteuersätze nicht der Inflationsrate angepasst werden."

In der Praxis bedeutet das Folgendes: Die Löhne und Gehälter werden erhöht, um mit der Inflation mitzuhalten. Beträgt die Inflation beispielsweise drei Prozent und werden die Gehälter um drei Prozent erhöht, sollte das für den Ausgleich ausreichen und alle sollten glücklich sein. Aber dabei wurde nicht an die Einkommensteuer gedacht. Ein drei Prozent höherer Verdienst wird (ein wenig) höher besteuert. Somit führt eine Lohnerhöhung, die nur die Inflation ausgleicht, dazu, dass der Beschäftigte aufgrund höherer Steuern weniger reales Einkommen hat als vorher. Anders ausgedrückt: Auf seiner Lohnabrechnung steht eine höhere Summe, die Kaufkraft aber ist geringer.

Beispiel: Ein Alleinstehender verdient 40.000 EUR im Jahr. Darauf fallen 8.569 EUR Einkommensteuer an. Es verbleiben also 31.431 EUR. Für das nächste Jahr erhält er eine Gehaltserhöhung von 3 Prozent. Er verdient also 41.200 EUR. Darauf fallen 8.994 EUR Einkommensteuer an. Davon verbleiben nach Abzug der Steuern 32.206 EUR. Aber: Dabei ist die Inflation noch nicht berücksichtigt! Zieht man also 3 Prozent Inflationsverlust ab, entspricht der reale Wert (Kaufkraft des Geldes) nur noch 31.240 EUR, also 191 EUR weniger als im Vorjahr. Das ist die kalte Progression.

https://de.wikipedia.org/wiki/Kalte_Progression

KapErtSt

Kapitalertragsteuer. Siehe dort.

KapESt

Kapitalertragsteuer. Siehe dort.

Kapitalertragsteuer (KapErtSt, KapESt, KapST, KESt)

Steuer auf Kapitalerträge (Zinsen etc.). Siehe unter Abgeltungssteuer.

https://de.wikipedia.org/wiki/Kapitalertragsteuer

Kapitalgesellschaft

Gesellschaft, bei der die Gesellschafter nur mit dem eingelegten Kapital und nicht mit ihrem Privatvermögen haften. Dazu zählen zum Beispiel die Aktiengesellschaft (AG) und die Gesellschaft mit beschränkter Haftung (GmbH). Dabei handelt es sich im Grunde einfach um verschiedene Gesellschaftsformen.

Neben der Kapitalgesellschaft existiert in Deutschland die Personengesellschaft. Siehe dort.

https://de.wikipedia.org/wiki/Kapitalgesellschaft

KapST

Kapitalertragsteuer. Siehe dort.

KESt

Kapitalertragsteuer. Siehe dort.

KG

Kommanditgesellschaft. Siehe dort.

Kinderfreibetrag

Ein steuerlicher Freibetrag für Kinder. Er beträgt für jedes Kind 2.394 EUR pro Elternteil, insgesamt also 4.788 EUR pro Kind (Stand 2018). Das zu versteuernde Einkommen wird um den Kinderfreibetrag gemindert. Entsprechend ist weniger Einkommensteuer zu zahlen.

Zu beachten: Falls Eltern Kindergeld für ein Kind erhalten, stellt dies eine Vorauszahlung auf den Kinderfreibetrag dar. Bei der Einkommensteuererklärung vergleicht das Finanzamt die steuerlichen Vorteile des Kinderfreibetrags mit denen des Kindergeldes. Es wird dabei automatisch die für die Eltern steuerlich günstigere Variante ausgewählt.

Neben dem Kindergeld können Eltern einen Freibetrag für Betreuung und Erziehung oder Ausbildung (auch BEA Freibetrag genannt) beantragen. Er beträgt für jedes Kind pro Elternteil 1.320 EUR, insgesamt also 2.640 EUR pro Kind (Stand 2018).

https://de.wikipedia.org/wiki/Kinderfreibetrag

Kommanditgesellschaft (KG)

Besondere Form der Personengesellschaft. Eine Kommanditgesellschaft hat immer zwei Arten von Gesellschaftern. Der erste ist der sogenannte Kommanditist. Er beteiligt sich finanziell an der Gesellschaft, haftet mit seiner Einlage, nicht aber mit seinem Privatvermögen. Der zweite Gesellschafter ist der Komplementär. Er haftet den Gläubigern der Kommanditgesellschaft gegenüber unbegrenzt, also auch mit seinem Privatvermögen. Da der Komplementär somit größere Haftung und Verantwortung hat, ist er auch derjenige, der die Kommanditgesellschaft leitet. Oft wird (um die Haftung des Komplementärs trotzdem zu begrenzen) eine GmbH als solche eingesetzt.

https://de.wikipedia.org/wiki/Kommanditgesellschaft

Kommanditist

(von französisch kommanditer: Geld in ein Geschäft geben, ohne Teilnehmer zu sein)

Gesellschafter in einer Kommanditgesellschaft. Siehe dort.

Komplementär

(von französisch complement: Ergänzung)

Gesellschafter in einer Kommanditgesellschaft. Siehe dort.

Körperschaftsteuer (KSt)

Steuer auf das Einkommen von juristischen Personen (siehe dort), also zum Beispiel Genossenschaften, Kapitalgesellschaften, Stiftungen und Vereinen. Es ist gewissermaßen die “Einkommensteuer für Kapitalgesellschaften”. Sie beträgt 15 Prozent der ausgewiesenen Gewinne.

Von der Körperschaftsteuer ausgeschlossen sind beispielsweise Berufsverbände, politische Parteien, Staatsbanken und gemeinnützige oder kirchliche Körperschaften. Dies ist in § 5 Körperschaftsteuergesetz geregelt.

https://de.wikipedia.org/wiki/Körperschaftsteuer

Körperschaftsteuergesetz (KStG)

Gesetz über die Besteuerung der Gewinne von juristischen Personen (siehe dort), also zum Beispiel Genossenschaften, Kapitalgesellschaften, Stiftungen und Vereinen.

https://de.wikipedia.org/wiki/Körperschaftsteuergesetz

Körperschaftsteuerrichtlinien (KStR)

Anweisungen vom Bundesministerium der Finanzen an die Finanzverwaltung (Finanzämter und deren Organisationen). Die Körperschaftsteuerrichtlinien sollen für die einheitliche Anwendung des Körperschaftsteuergesetzes durch die Finanzämter sorgen. So soll verhindert werden, dass ein Finanzamt ein Steuergesetz anders auslegt als ein anderes.

KSt

Körperschaftsteuer. Siehe dort.

KStG

Körperschaftsteuergesetz. Siehe dort.

KStR

Körperschaftsteuerrichtlinien. Siehe dort.

Liebhaberei

Übt ein Steuerpflichtiger eine Tätigkeit aus, die nicht auf Gewinn abzielt, wird dies als Liebhaberei bezeichnet. Die Finanzbehörde geht dabei davon aus, dass die Tätigkeit aus persönlichen Gründen oder persönlichen Neigungen stattfindet. In dem Fall können Verluste, die bei der Tätigkeit entstehen, nicht von der Steuer abgesetzt werden.

Beispiel: Jemand kauft eine Immobilie, um Steuern zu sparen. Er kümmert sich nicht um sie, weshalb sie leer steht und keine Einnahmen erbringt. Er setzt die Verluste, die mit der Investition verbunden sind (Kreditzinsen, Hausgeldzahlungen), von seiner Steuer ab. Das Finanzamt kann nach einiger Zeit zu der Schlussfolgerung gelangen, dass von Anfang an keine Gewinnabsicht bestand und daher Liebhaberei vorliegt. Als Folge können die Verluste durch die Immobilieninvestition nicht mehr steuerlich geltend gemacht werden. Im schlimmsten Fall werden sogar in früheren Jahren gewährte Steuervorteile aberkannt. Das kann zu Steuernachzahlungen führen.

https://de.wikipedia.org/wiki/Liebhaberei

Lohnsteuer

Eine Vorauszahlung auf die Einkommensteuer bei Lohn- und Gehaltsempfängern. Der Arbeitgeber zieht diese direkt vom Bruttoverdienst des Arbeitnehmers ab und überweist sie an das zuständige Finanzamt.

https://de.wikipedia.org/wiki/Lohnsteuer

Lohnsteuerklasse

Bei Empfängern von Lohn- und Gehaltszahlungen wird eine Einteilung in Steuerklassen vorgenommen. Dies geschieht anhand von Familienstand sowie Anzahl der Kinder. Der Grund, aus dem Steuerklassen eingeführt wurden, ist der, dass der Arbeitgeber zwar die Höhe des Bruttoarbeitslohns kennt, jedoch nicht die letztliche Höhe des zu versteuernden Einkommens. Um dem möglichst nahe zu

kommen, wurden die Steuerklassen eingeführt. Sie beeinflussen nur die Höhe der monatlichen Steuervorauszahlungen, nicht aber die jährlich zu zahlende Einkommensteuer des Arbeitnehmers. Somit ergeben sich durch die Wahl der Steuerklassen bei Ehepaaren letztlich keine Steuervorteile.
Falls dem Arbeitnehmer über das Jahr zu viele Steuern abgezogen wurden, kann der Arbeitgeber einen Lohnsteuerjahresausgleich durchführen. Zu viel gezahlte Steuern werden dem Arbeitnehmer erstattet. Ist der Arbeitnehmer verpflichtet, eine Einkommensteuererklärung abzugeben (etwa, weil er neben seiner Anstellung noch andere Beschäftigungen oder Einkünfte aus Vermietung und Verpachtung hat), darf sein Arbeitgeber keinen Lohnsteuerjahresausgleich für ihn vornehmen. Eventuell zu viel gezahlte Steuern erhält der Arbeitnehmer über die Einkommensteuererklärung zurück.

Die verschiedenen Steuerklassen werden grob wie folgt unterteilt:

Steuerklasse 1: Ledige und geschiedene Arbeitnehmer

Steuerklasse 2: Ledige und geschiedene Arbeitnehmer, die alleinerziehend sind

Steuerklasse 3: Verheiratete, bei denen der Partner in Klasse 5 ist oder kein eigenes Einkommen hat

Steuerklasse 4: Verheiratete, wenn beide in etwa das gleiche Einkommen haben

Steuerklasse 5: Verheiratete, bei denen der Partner Steuerklasse 3 hat

Steuerklasse 6: Arbeitnehmer mit mehreren Beschäftigungsverhältnissen

https://de.wikipedia.org/wiki/Lohnsteuerklasse

Lohnsteuerrichtlinien (LStR)

Anweisungen vom Bundesministerium der Finanzen an die Finanzverwaltung. Die Lohnsteuerrichtlinien sollen für die einheitliche Anwendung der Gesetze zur Lohnsteuer durch die Finanzämter sorgen. So soll verhindert werden, dass ein Finanzamt ein Steuergesetz anders auslegt als ein anderes.

https://de.wikipedia.org/wiki/Steuerrichtlinie

LStR

Lohnsteuerrichtlinien. Siehe dort.

Mehrwertsteuer

Gleichbedeutend mit dem Begriff Umsatzsteuer mit Vorsteuerabzug, der eher im wirtschaftlichen Sprachgebrauch verwendet wird. Siehe dort.

https://de.wikipedia.org/wiki/Mehrwertsteuer

Modernisierung

(Im Mietrecht) alle baulichen Maßnahmen des Eigentümers/Vermieters einer Immobilie, die das Ziel haben, den Gebrauchswert der Mietsache nachhaltig zu erhöhen, die allgemeinen Wohnverhältnisse auf Dauer zu verbessern oder nachhaltige Einsparungen von Energie oder Wasser zu bewirken (vgl. § 555b BGB).

Alle anderen Arbeiten, insbesondere Reparaturen, bezeichnet man als Instandhaltungs- bzw. Instandsetzungsmaßnahmen. Teils abschreibungspflichtig, teils sofort absetzbar/abzugsfähig (siehe Infografiken des Next Level Steuer Coachings).

natürliche Person

Rechtlich unterscheidet man natürliche und juristische Personen. Eine natürliche Person ist ein einzelner Mensch als Träger von Rechten und Pflichten. Jeder Einzelne von uns ist eine natürliche Person. Als juristische Person bezeichnet man hingegen eine selbstständige und vom Gesetz anerkannte Gruppe von Personen. Genau wie die natürliche Person hat eine juristische Person Rechte und Pflichten. Sie kann ebenso Vermögen besitzen, kann erben, sowohl klagen wie auch verklagt werden. Zu juristischen Personen zählen beispielsweise Vereine, Aktiengesellschaften, GmbHs und viele weitere.

Beispiel: Fritz Müller ist eine natürliche Person.

Beispiel: Der Fußballverein „Düsseldorfer Turn- und Sportverein Fortuna 1895 e. V." (offizieller Name von Fortuna Düsseldorf) ist eine juristische Person.

Beispiel: Das „Zweite Deutsche Fernsehen (ZDF)" ist eine öffentlich-rechtliche Sendeanstalt und somit eine juristische Person.

https://de.wikipedia.org/wiki/Natürliche_Person

Das Zuweisen von Identitäten ist im Bereich Steuern extrem wichtig, denn Steuer zu gestalten, ist das Spiel des Zuweisens einer Bedeutung zu Zahlen in der richtigen Identität. Mehr dazu erfährst Du in diesem Video:

https://www.youtube.com/watch?v=kMcwq_jKa1k

(dieses Wissen ist absolute Pflichtlektüre im Bereich Steuern!)

netto

(von italienisch netto: rein, klar)

Nach Abzug der Kosten oder der Steuern.

Beispiel: Wenn Sie als Privatperson im Geschäft für 1.190 EUR einen Computer kaufen, ist dies der Bruttobetrag. Er setzt sich aus dem eigentlichen Nettopreis des Computers (1.000 EUR) und 190 EUR Mehrwertsteuer (19 Prozent) zusammen.

https://de.wikipedia.org/wiki/Netto

Niederstwertprinzip

Begriff aus der Buchführung. Er gehört zu den Grundsätzen ordnungsgemäßer Buchführung (siehe dort). Bei der Buchführung werden Vermögensgegenständen Werte (in EUR) zugewiesen, damit man das Vermögen genau bestimmen kann. In manchen Fällen gibt es mehrere Möglichkeiten, den Wert zu bestimmen. Gemäß dem Niederstwertprinzip soll dabei der niedrigste Wert zugewiesen werden.

Das Gegenteil ist das Höchstwertprinzip, das auf Schulden angewandt wird. Dabei wird bei mehreren möglichen Werten der höchste gewählt.
Zweck ist es, "vorsichtig", wie ein "ordentlicher Kaufmann", zu kalkulieren und eventuelle Gläubiger zu schützen.

https://de.wikipedia.org/wiki/Niederstwertprinzip

Oberfinanzdirektion (OFD)

Teil der Finanzverwaltung in deutschen Bundesländern. Die Oberfinanzdirektion steht über den Finanzämtern. Über der Oberfinanzdirektion steht die Landesfinanzbehörde des jeweiligen Bundeslandes. Einige Bundesländer haben keine Oberfinanzdirektionen.

Beispiel: Die „Oberfinanzdirektion Nordrhein-Westfalen" hat die Aufsicht über etwa 130 Finanzämter in dem Bundesland. Über ihr steht das „Finanzministerium des Landes Nordrhein-Westfalen".

https://de.wikipedia.org/wiki/Oberfinanzdirektion

OFD

Oberfinanzdirektion. Siehe dort.

Partiarisches Darlehen

Der Begriff partiarisch bedeutet „mit Gewinnbeteiligung" (lateinisch pars, partis: Teil von etwas).

Ein partiarisches Darlehen ist eine Form der Beteiligung an einem Geschäft oder Unternehmen. Der Darlehensgeber stellt das Geld (Darlehen) zur Verfügung und wird dafür an den Gewinnen beteiligt. Der Darlehensgeber erwirbt dadurch kein Mitspracherecht. Er trägt kein (direktes) unternehmerisches Risiko.

https://wikipedia.org/wiki/Partiarisches_Darlehen

Übrigens: Dieser Begriff fällt ebenfalls häufig in der Immobilienbranche. Alle Fachbegriffe und Definitionen der Immobilienbranche findest Du im kostenlosen Immobilienlexikon der Grundlagen:

https://alex-fischer-duesseldorf.de/immobilienlexikon/

Partnergesellschaft (PartG)

Die Partnergesellschaft ist ein Zusammenschluss, bei dem sich Angehörige freier Berufe (Freiberufler) zur Ausübung ihrer Berufe zusammenschließen. Typische Beispiele sind Anwaltskanzleien oder ärztliche Gemeinschaftspraxen.

https://wikipedia.org/wiki/Partnerschaft

Passiva

(von lateinisch pati: leiden, untätig sein.)

Begriff aus der Buchführung. Er bezeichnet die Kapitalquellen eines Unternehmens (Mittelherkunft). Dazu gehören unter anderem Eigenkapital, Rückstellungen (für Rechnungen, die bald zu bezahlen sind, deren Höhe man aber nicht genau kennt) und Verbindlichkeiten (Beträge, die das Unternehmen schuldet, also offene Rechnungen).

https://de.wikipedia.org/wiki/Passiva

Passiver Rechnungsabgrenzungsposten (PRAP)

Begriff aus der Buchführung, der sich auf Bilanzen bezieht. Er bezeichnet erhaltene Zahlungen, für die ein Unternehmen erst in der nächsten Periode eine Leistung erbringt. Das können beispielsweise Mieten oder Zinsen sein.

Beispiel: Ein Unternehmen vermietet an einen Mieter ein Büro. Der zahlt die Miete für Januar 2019 bereits am 28. Dezember 2018. Da das Geschäftsjahr des Unternehmens am 31. Dezember 2018 endet und die Buchung in diesem Jahr durchgeführt wurde, muss sie in der Bilanz erscheinen. Die erhaltene Mietzahlung wird als passiver Rechnungsabgrenzungsposten gebucht.

https://wikipedia.org/wiki/Rechnungsabgrenzung

Personengesellschaft

Gesellschaft, bei der die Gesellschafter in dem Unternehmen selbst mitarbeiten und ebenfalls (meist) mit ihrem Privatvermögen haften. Dazu zählen zum Beispiel die Gesellschaft bürgerlichen Rechts (GbR) und die Partnergesellschaft (PartG). Dabei handelt es sich im Grunde einfach um verschiedene Gesellschaftsformen.

Neben der Personengesellschaft existiert in Deutschland die Kapitalgesellschaft. Siehe dort.

https://de.wikipedia.org/wiki/Personengesellschaft

PRAP

Passiver Rechnungsabgrenzungsposten. Siehe dort.

private Veräußerungsgeschäfte

Der Begriff bezieht sich auf den Verkauf von Vermögensgegenständen, die zum Privatvermögen gehören. Grundsätzlich ist der Verkauf privater Wirtschaftsgüter steuerlich nicht von Bedeutung. Allerdings gibt es Ausnahmen, die in § 23 des Einkommensteuergesetzes enthalten sind. So sind beispielsweise die Gewinne beim Verkauf von privaten Immobilien zu versteuern, wenn zwischen Kauf und Verkauf nicht mindestens zehn Jahre liegen. Gewinne beim privaten Verkauf von Edelmetallen oder Kunstgegenständen sind dann steuerpflichtig, wenn zwischen Kauf und Verkauf nicht mindestens ein Jahr vergangen ist.

https://de.wikipedia.org/wiki/Privates_Veräußerungsgeschäft

Progressionsvorbehalt

(von lateinisch progressio: Entwicklung, Fortschritt)

Bestimmte Einkünfte wie Arbeitslosengeld oder Elterngeld sind steuerfrei. Sie erhöhen aber durch den sogenannten Progressionsvorbehalt die Steuerlast (man rutscht in die höhere Progression, so als wenn man mehr verdient hätte). Folglich wird dadurch ein höherer Steuersatz auf die regulär erzielten Einnahmen fällig, als man ohne Progressionsvorbehalt hätte.

Beispiel: Silvio Single ist alleinstehend und verdient 30.000 EUR im Jahr. Darauf fallen 5.275 Steuern an. Das sind im Durchschnitt 17,58 Prozent. Peter Pech hat im gleichen Jahr ebenfalls 30.000 EUR verdient. Darüber hinaus war er einen Teil des Jahres arbeitslos und hat 10.000 EUR Arbeitslosengeld erhalten. Diese 10.000 EUR müssen nicht versteuert werden. Er muss also nicht auf 40.000 EUR Steuern zahlen (das wären 8.569 EUR).

Aber: Bei einem zu versteuernden Einkommen von 40.000 EUR wären im Durchschnitt 21,42 Prozent Steuern zu zahlen gewesen. Diesen Steuersatz nimmt das Finanzamt bei Peter Pech als Grundlage zur Berechnung der Steuern. Es verlangt von ihm 21,42 Prozent Steuern auf die 30.000 EUR, die er verdient hat. Das sind 6.426 EUR. Somit muss er mehr Steuern zahlen als Silvio Single.

https://de.wikipedia.org/wiki/Progressionsvorbehalt

Progressiver Einkommensteuertarif

(von lateinisch progressio: Entwicklung, Fortschritt)

Bezeichnet ein System bei der Einkommensteuer, bei dem die Steuerlast mit wachsendem Einkommen prozentual immer mehr ansteigt. Das Gegenteil wäre ein System, bei dem immer der gleiche Prozentsatz an Steuern anfallen würde, egal, wie viel man verdient (linearer Satz, wie bei der Körperschaftsteuer). In Deutschland wird mit einem progressiven Einkommensteuertarif gearbeitet, der vor allem durch Karl Marx' "Kommunistisches Manifest" bekannt wurde. Weitere Details siehe unter Einkommensteuer.

Prokura

(von lateinisch procurare: pflegen, Sorge tragen, verwalten)

Vollmacht zu handeln. Eine Vertretungsvollmacht, die einem Mitarbeiter eines Unternehmens ausgestellt wird und öffentlich über das Handelsregister einsehbar ist (im Gegensatz zur Handlungsvollmacht, die auf einer nicht eingetragenen, notariellen Vollmacht basiert). Dadurch hat der Prokurist z.B. die Befugnis, Bestellungen vorzunehmen oder Verträge zu unterzeichnen.

https://de.wikipedia.org/wiki/Prokura

Quellensteuer

Ein Oberbegriff für jegliche Steuer auf Einkünfte, die direkt „an der Quelle“ der Auszahlung von Leistungsvergütungen abgezogen und an das Finanzamt abgeführt wird. Ein Beispiel ist die Lohnsteuer. Die zieht der Arbeitgeber direkt vom Lohn des Arbeitnehmers ab und überweist sie an das Finanzamt.

Ein weiteres Beispiel (und in diesem Zusammenhang wird der Begriff Quellensteuer häufig verwendet) ist die Kapitalertragsteuer. Diese zieht die jeweilige Bank direkt von den Kapitalerträgen (wie beispielsweise Zinsen) ab und führt sie an das zuständige Finanzamt ab.

https://de.wikipedia.org/wiki/Quellensteuer

R

Richtlinie. Siehe dort.

Rechnungsabgrenzungsposten

Begriff aus der Buchführung. Ein Schritt, mit dem Werte der Buchführung (also Einnahmen und Ausgaben) der richtigen Rechnungsperiode (zum Beispiel dem passenden Geschäftsjahr) zugeordnet werden.

Beispiel: Ein Unternehmer zahlt am 20. November 2018 die Miete seiner Geschäftsräume für den Zeitraum vom 1. Dezember 2018 bis zum 28. Februar 2019.

Da sein Geschäftsjahr vom 1.1.2018 bis zum 31.12.2018 geht, liegt ein Teil des Zeitraums, für den er Miete zahlt, außerhalb dieses Geschäftsjahres. In der Bilanz muss daher ein sogenannter Rechnungsabgrenzungsposten aufgeführt werden.

https://de.wikipedia.org/wiki/Rechnungsabgrenzung

Renovierung

(von lateinisch renovare: erneuern)

Maßnahmen zur Instandsetzung von Bauwerken. Man beseitigt Schäden aufgrund von Abnutzung durch den gewöhnlichen Gebrauch und stellt den ursprünglichen Stand der Nutzbarkeit wieder her. Im Mietrecht ist Renovierung ein Synonym für Schönheitsreparaturen (Tapezieren, Streichen, Lackieren). Diese Maßnahmen sind steuerlich grundsätzlich im Jahr der Aufwendung absetzbar/abzugsfähig.

Es gibt eine ultimative Steuerstrategie, wie Du mit Hilfe von Immobilien, Renovierungen & Finanzierungen Steuern in privates Vermögen umwandeln kannst. Und zwar mit Faktor 10! Wie das funktioniert, erfährst Du in diesem Video:

https://www.youtube.com/watch?v=76vJ4HQ584E

Richtlinie (R)

Eine Vorschrift, die kein Gesetz ist. Steuerrichtlinien sind Anweisungen vom Bundesministerium der Finanzen an die Finanzverwaltung. Die Richtlinien sollen für die einheitliche Anwendung von Steuergesetzen durch die Finanzämter sorgen. So soll verhindert werden, dass ein Finanzamt ein Steuergesetz anders auslegt als ein anderes.

https://de.wikipedia.org/wiki/Richtlinie

Rücklagen

Als Rücklagen bezeichnet man allgemein Kapital, das in Reserve gehalten wird. In der Buchführung wird der Begriff für einen bestimmten Teil des Eigenkapitals verwendet, der zurückgelegt wird.

https://de.wikipedia.org/wiki/Rücklage

Wenn wir schon beim Begriff "Rücklagen" sind – in meinem Buch "Reicher als die Geissens" bezeichne ich eine bestimmte Art der Rücklagenbildung als Geldmagneten (und damit übertreibe ich nicht!). Hier ein Auszug aus meinem Hörbuch zum Thema Geld und wie Du Dir Deinen persönlichen Geldmagneten einrichtest:

https://www.youtube.com/watch?v=eKk_TsltIcE

Die passenden Infografiken, etc. findest Du in meinem Buch:

https://alex-fischer-duesseldorf.de/fnl/reicher-als-die-geissens/bestellen

Rückstellungen

Begriff aus der Buchführung. Bezeichnet Verbindlichkeiten (also an einen anderen zu zahlende Gelder), die erwartet werden, wobei man deren Höhe nicht genau vorhersehen kann. Sie zählen zu den Schulden/Verbindlichkeiten eines Unternehmens.

Rückstellungen sollten nicht mit Rücklagen verwechselt werden. Als Rücklagen bezeichnet man finanzielle Reserven.

Beispiel: Man weiß, dass eine Zahlung wegen Schadensersatz droht, weil sie "rechtshängig" ist (= Klage wurde eingereicht). Die Höhe der Zahlung/des Vergleichs ist unbekannt.

https://de.wikipedia.org/wiki/Rückstellung

Sachbezüge

Bezüge eines Arbeitnehmers, die er vom Arbeitgeber nicht in Form von Geld, sondern als eine Leistung oder Ware erhält. Dazu zählen etwa Arbeitskleidung, Dienstwagen für den privaten Gebrauch, kostenlose Getränke, Tankgutscheine, Verpflegung und vieles mehr. Wichtig dabei: Sachbezüge sind (manchmal nur teilweise) zu versteuern!

https://de.wikipedia.org/wiki/Sachbezug

Safe-Base-Motherboard

Eine mehrstufige Gestaltung, die sämtliche notwendigen (steuerlichen) Identitäten so intelligent miteinander verknüpft, dass sich die Vorteile der einzelnen Komponenten gegenseitig verstärken und die jeweiligen Nachteile auf ein Minimum reduziert werden. Der Name "Motherboard" ist der Computerwelt entlehnt, da ein Motherboard die Hauptplatine mit vielen Steckplätzen ist, so dass man je nach Bedarf Leistung und Kapazität aufstocken kann. Diese Gestaltung wurde von Alex Düsseldorf Fischer erfunden und ausgearbeitet und ist Teil des Next Level Steuer Coachings.

Mehr Infos zum Safe-Base-Motherboard und warum dies die ultimative steuerliche Gestaltung ist, erfährst Du in dem Video auf der AF-Steuercoaching Seite:

https://www.af-steuercoaching.de

Sanierung

(von lateinisch sanus: gesund)

Im Bauwesen die baulich-technische Wiederherstellung oder Modernisierung einer oder mehrerer Etagen bzw. eines gesamten Bauwerks oder mehrerer Bauwerke, um Schäden zu beseitigen und/oder den Wohnstandard zu erhöhen. Im Gegensatz zur Renovierung wird hier tief in die Substanz des Gebäudes eingegriffen.

In erster Linie geht es um die Werterhaltung der Bausubstanz. Dies betrifft sowohl die Fassade als auch den Kern. Eine Sanierung geht über die Instandhaltung und Instandsetzung hinaus. Sie kann erhebliche Eingriffe in die Bausubstanz beinhalten, wie u.a. Kernsanierung unter Beibehaltung der Fassaden, und beinhaltet meist eine Modernisierung.

Ein Teilgebiet ist die energetische Sanierung. Für behindertengerechtes Wohnen bzw. Arbeiten kann auch das barrierefreie Bauen Ziel einer Teilmodernisierung sein. Teils abschreibungspflichtig, teils sofort absetzbar/abzugsfähig (siehe Infografiken des Next Level Steuer Coachings).

Du hast Immobilien und möchtest den Wert Deiner Immobilien günstig steigern? Hier mehr zum Thema Renovierung & Sanierung:

https://www.youtube.com/watch?v=8S-EaMI9Kmw

Schenkung

(von althochdeutsch scenken: ursprünglich zu trinken geben, eigentlich schief halten (um einzuschenken))

Eine Übertragung von Geld oder Vermögen an jemanden, wobei sich beide Parteien darüber einig sind, dass die Übertragung ohne Gegenleistung geschieht.

https://de.wikipedia.org/wiki/Schenkung

Schenkungsteuer

Steuer, die auf Schenkungen Anwendung findet. Sie wird ähnlich behandelt wie die Erbschaftsteuer, wobei der Überträger des Vermögens nicht stirbt, sondern es bei Schenkung zu Lebzeiten überträgt.

Je nach Verwandtschaftsgrad existieren bestimmte Freibeträge, die nicht versteuert werden müssen. Für alles, was darüber hinausgeht, ist Schenkungsteuer zu zahlen. Der Prozentsatz der Steuer hängt ebenfalls vom Verwandtschaftsgrad ab. Bei der Schenkungsteuer kann der Freibetrag in der Regel alle zehn Jahre genutzt werden.

Schenkungen können teilweise bis zu zehn Jahre lang zurückgefordert werden, etwa wenn der Schenker nach der Schenkung Sozialhilfe in Anspruch nehmen muss.

https://de.wikipedia.org/wiki/Schenkungsteuer

Schönheitsreparaturen

(Mietrecht) Synonym für Renovierung. Sind grundsätzlich im Jahr der Aufwendung absetzbar/abzugsfähig.

Share

(von englisch share: Aktie/Anteil)

Aktie oder Geschäftsanteil.

https://de.wikipedia.org/wiki/Aktie

Share Deal

(von englisch share: Aktie/Anteil und deal: Geschäft, Handel)

Eine Form des Unternehmenskaufs im Gegensatz zum Kauf eines Wirtschaftsgutes (z.B. Immobilie). Dabei erwirbt der Käufer vom Verkäufer (alle oder einige) Anteile am Unternehmen. Als Folge davon besitzt er einen Teil des Unternehmens oder auch das gesamte Unternehmen.

Oft "packt" man Immobilien in einen Firmenmantel, um dann diesen (anstatt der Immobilie direkt) zu verkaufen. Das hat ertragsteuerliche und grunderwerbsteuerliche Gründe.

https://de.wikipedia.org/wiki/Share_Deal

sieben Einkunftsarten

Das Finanzamt unterscheidet insgesamt sieben Einkunftsarten. Diese müssen bei der Steuererklärung auf verschiedenen Formularen angegeben werden. Dabei handelt es sich um:

1. **Einkünfte aus Land- und Forstwirtschaft** (§§13 - 14 EStG)

Wenn z.B. ein Bauernhof oder Wald bewirtschaftet wird, fallen die dazugehörigen Einnahmen in diese Kategorie.

2. **Einkünfte aus Gewerbebetrieb** (§§15 - 17 EStG)

Wenn ein Gewerbe betrieben wird, werden die Einkünfte in der Regel diesem Bereich zugeordnet.

3. **Einkünfte aus selbstständiger Arbeit** (§18 EStG)

In diese Kategorie fallen alle Einkünfte, die man aus selbstständiger Arbeit bezieht. Auch unternehmerische Einkünfte, solange sie in Personengesellschaften erzielt werden.

4. **Einkünfte aus nichtselbstständiger Arbeit** (§§19 - 19a EStG)

Das betrifft in der Regel Lohn und Gehalt von Arbeitnehmern.

5. **Einkünfte aus Kapitalvermögen** (§20 EStG)

Zinsen, Kapitalerträge, all das fällt unter diese Kategorie.

6. **Einkünfte aus Vermietung & Verpachtung** (§21 EStG)

Einnahmen aus vermieteten Immobilien kommen in diese Kategorie.

zu versteuerndes Einkommen	Alleinstehender	Ehepaar (Splittingtabelle)
10.000 EUR	123 EUR	0 EUR
20.000 EUR	2.414 EUR	246 EUR
30.000 EUR	5.275 EUR	2.290 EUR
40.000 EUR	8.569 EUR	4.828 EUR
50.000 EUR	12.295 EUR	7.582 EUR
60.000 EUR	16.419 EUR	10.550 EUR

7. **Sonstige Einkünfte** (§§22 - 23 EStG)

https://de.wikipedia.org/wiki/Einkunftsart_(Deutschland)

Sitz

Siehe unter Firmensitz.

Skalierung

Bezeichnet allgemein die Zuordnung nach der Größenordnung von etwas (= das Einordnen in eine Skala). Im Geschäftsleben bedeutet es vereinfacht gesagt: “das Expandieren”, “das Hochdrehen” eines (funktionierenden) Geschäftsmodells. Dabei unterscheidet man in “gut skalierbar” (wie z.B. ein Hörbuch, das einmal produziert wurde und dann millionenfach ohne Mehraufwand heruntergeladen werden kann) und “schlecht skalierbar” (wie z.B. das Erstellen von Maßanzügen).

In meinem Buch "Reicher als die Geissens" findest Du viel interessanten Input zum Thema Skalierung. Hier kannst Du Dir Dein Exemplar kostenfrei sichern:

https://alex-fischer-duesseldorf.de/fnl/reicher-als-die-geissens/bestellen

Hier noch ein Kapitel aus meinem Hörbuch zum Thema Skalierung:

https://www.youtube.com/watch?v=lsDMnf1l1y0

Solidaritätszuschlag

Eine Steuerabgabe zum Zwecke der Umverteilung. Sie wurde ursprünglich 1991 eingeführt, zunächst befristet, besteht aber bis heute weiter. Ihr Hauptzweck bestand anfangs darin, den deutschen Anteil der Kosten des Zweiten Golfkriegs (1991) zu decken. Nachdem er 1993 und 1994 ausgesetzt wurde, wurde der „Soli“ 1995 wieder eingeführt. Dabei ging es darum, Mittel zur Deckung von Kosten der deutschen Wiedervereinigung zu beschaffen. Der Solidaritätszuschlag wird als Ergänzungsabgabe zur Einkommensteuer, Kapitalertragsteuer und Körperschaftsteuer erhoben, also sowohl von einzelnen Bundesbürgern wie auch Unternehmen.

https://de.wikipedia.org/wiki/Solidaritätszuschlag

Sonderausgaben

Bestimmte Ausgaben, die vom zu versteuernden Einkommen abgezogen werden können, aber weder zu den Betriebsausgaben noch zu Werbungskosten zählen. Dazu gehören unter anderem:

- Aufwendungen für Kinderbetreuung
- Beiträge für Altersvorsorgeverträge
- Schulgeld
- Spenden
- Unterhaltsleistungen an den geschiedenen oder getrennt lebenden Ehegatten
- Vorsorgeaufwendungen

https://de.wikipedia.org/wiki/Sonderausgabe

Spende

Unterstützung in Form von Geld oder Sachleistungen, die Personen oder Organisationen helfen sollen. Für eine Spende wird in der Regel keine Gegenleistung erwartet. Spenden an eine gemeinnützige Organisation können bis zu einem Anteil von 20 Prozent Deiner Einkünfte als Sonderausgaben abgesetzt werden. “Spenden” (nennt man eigentlich “Zustiftungen”) in das Vermögen einer Stiftung können bis zu einer Höhe von einer Million Euro als Sonderausgaben abgesetzt werden.

https://de.wikipedia.org/wiki/Spende

Spitzensteuersatz

Der Spitzensteuersatz für Einkommensteuer beträgt in Deutschland 42 Prozent (Stand 2019). Bei einem Alleinstehenden sind ab einem zu versteuernden Einkommen von 55.961 EUR für jeden weiteren Euro 42 Prozent Steuern zu zahlen.

Tatsächlich existiert seit 2007 noch ein Steuersatz, der darüber hinausgeht. Ab einem zu versteuernden Einkommen von 265.327 Euro wird auf jeden weiteren Euro ein Steuersatz von 45 Prozent fällig. Das ist die sogenannte „Reichensteuer". Solidaritätszuschlag und eventuell Kirchensteuer kommen hinzu.

https://de.wikipedia.org/wiki/Grenzsteuersatz

Splitting

(von englisch splitting: spalten, Spaltung.)

Splitting bezeichnet bei der Festlegung der Einkommensteuer das Verfahren, nach dem Ehepaare besteuert werden. Dabei wird das zu versteuernde Einkommen beider Partner zusammengerechnet und dann zusammen versteuert.

Das ist für das Ehepaar insbesondere dann von Vorteil, wenn einer relativ wenig und der andere relativ viel verdient. Angenommen ein Ehepartner hätte ein zu versteuerndes Einkommen von 50.000 EUR und der andere eines von 10.000 EUR. Dann hätten sie einzeln 12.295 und 123 EUR an Einkommensteuer zu zahlen.

Würden sie zusammen veranlagt werden, läge ihr zu versteuerndes Einkommen bei 60.000 EUR und sie müssten nur 10.550 EUR Steuern entrichten.

Beispiel: Auszug aus der Einkommensteuertabelle 2019

https://de.wikipedia.org/wiki/Ehegattensplitting

Steuer

(von althochdeutsch stiura: Stütze, Unterstützung.)

Teil des Einkommens, Lohns oder Vermögens, der an den Staat abgeführt werden muss, ohne dass man dafür einen Anspruch auf individuelle Gegenleistung erhält. Schon in der Antike wurden Steuern unter Bezeichnungen wie Tribut, Zoll oder Zehnter als Abgabe des Volkes erhoben. Steuern dienen mehreren Zwecken. Zum einen soll damit der Staatshaushalt finanziert werden. Darüber hinaus werden Steuern zur Umverteilung eingesetzt. Sie werden von bestimmten Bevölkerungs- und Einkommensgruppen erhoben, um sie anderen zukommen zu lassen. Außerdem werden sie als Steuerungsinstrument verwendet, um nicht erwünschte Verhaltensweisen einzudämmen (beispielsweise über die Tabaksteuer) und erwünschte zu fördern (wie die nach der Wiedervereinigung gewährten Steuererleichterungen für den Bau von Immobilien in den neuen Bundesländern etc.).

https://de.wikipedia.org/wiki/Steuer

Fehler im Bereich Steuern können richtig teuer und nachtragend sein. Ich habe eine 6-teilige Video-Coachingserie mit essentiellem Steuerwissen zusammengestellt. Dieses Wissen ist Pflichtlektüre für jeden Selbstständigen und Unternehmer (Du wirst verstehen warum):

https://www.af-steuercoaching.de/steuerfallen

Steuerarten

In Deutschland existieren Dutzende von Steuerarten. Die Wichtigste ist die Umsatzsteuer, gefolgt von der Lohn- und Einkommensteuer, die zusammen schon weit mehr als die Hälfte des Steueraufkommens der Bundesrepublik ausmachen. Einige der Steuern werden vom Bund erhoben, andere von den Ländern oder den Gemeinden. Ein paar Steuerarten stammen noch aus der Kaiserzeit. Manche werden von jedem Bürger erhoben (etwa die Umsatzsteuer bzw.

Mehrwertsteuer), andere nicht (wie die Kraftfahrzeugsteuer oder Tabaksteuer).

https://de.wikipedia.org/wiki/Steuer#Steuerarten_und_-gruppen

Steuerbescheid

Ein Bescheid ist eine amtliche Auskunft, Entscheidung oder Stellungnahme zu einem bestimmten Thema. Oft ist damit eine Berechnung verbunden, die zur Zahlung einer bestimmten Summe führt. Der Steuerbescheid führt die eigenen Einkünfte und die daraus resultierenden Steuern auf, die der Empfänger zu zahlen hat.

https://de.wikipedia.org/wiki/Steuerbescheid

Steuererklärung

Eine Steuererklärung wird von einem Bürger oder Unternehmen an das Finanzamt übermittelt. Darin werden detailliert Angaben zu den eigenen Einnahmen gemacht. Diese benötigt das Finanzamt, um die Höhe der Steuer festzulegen.

Beispiel Einkommensteuererklärung: Diese wird für den Zeitraum eines Kalenderjahres erstellt und heutzutage gewöhnlich über Internet an das zuständige Finanzamt übermittelt. Darin werden sowohl verschiedene Einnahmen als auch von der Steuer abzugsfähige Ausgaben angegeben.

https://de.wikipedia.org/wiki/Steuererklärung

Steuerfreibetrag

Betrag, der von der Berechnung der Steuer abgezogen werden kann oder für den man keine Steuern entrichten muss.

Freibeträge existieren für verschiedene Arten von Steuern.

Beispiel Abgeltungsteuer: Jemand erhält auf sein Sparguthaben insgesamt 1.000 EUR Zinsen. Der Freibetrag liegt bei 801 EUR. Somit sind nur auf den darüber hinausgehenden Betrag von 199 EUR Steuern zu zahlen.

Beispiel Erbschaftsteuer: Eine Person vererbt ihrem Kind einen Betrag von 600.000 EUR. Der Freibetrag liegt in diesem speziellen Fall bei 400.000 EUR. Der Erbe muss also nur 200.000 EUR versteuern.

Beispiel Kinderfreibetrag: Pro Kind kann jeder Elternteil einen Freibetrag von 2.490 EUR (Stand 2019) von seinem zu versteuernden Einkommen abziehen.

https://de.wikipedia.org/wiki/Freibetrag

Steuer-ID

Steueridentifikationsnummer. Siehe dort.

Steueridentifikationsnummer (Steuer-ID)

Jedem in Deutschland gemeldeten Bürger wird eine Steueridentifikationsnummer zugewiesen. Sie bleibt das ganze Leben lang gleich, auch, wenn man umzieht. Damit unterscheidet sie sich von der Steuernummer. Die Steuernummer wird einem nach Wohnort und zuständigem Finanzamt zugewiesen. Nicht zu verwechseln mit der Umsatzsteuer-ID.

https://de.wikipedia.org/wiki/Steuerliche_Identifikationsnummer

Steuerklasse

Siehe Lohnsteuerklasse.

Steuerprogression

(von lateinisch progressio: Entwicklung, Fortschritt)

Der Anstieg des Steuersatzes, der abhängig vom zu versteuernden Einkommen ist. Einfach ausgedrückt: Je mehr man verdient, desto höher ist der prozentuale Anteil, den man für jeden weiteren Euro an Steuern zu zahlen hat. Siehe auch unter Einkommensteuer. Die Grafik dort zeigt die verschiedenen Zonen der Steuerprogression.

https://de.wikipedia.org/wiki/Steuerprogression

Steuersatz

Prozentsatz, der vom Einkommen oder Gewinn an Steuern zu zahlen ist.

https://de.wikipedia.org/wiki/Steuertarif

Steuerschätzung

Manchmal unterlässt es eine steuerpflichtige Person oder ein steuerpflichtiges Unternehmen, eine fristgemäße oder vollständige Steuererklärung abzugeben. Nach Ablauf einer gewissen Frist ist das Finanzamt dann dazu berechtigt, die zu versteuernden Einnahmen zu schätzen. Die zu entrichtenden Steuern werden aufgrund dieser Schätzung festgelegt. Es ergeht ein Steuerbescheid, der rechtskräftig wird, wenn gegen ihn nicht innerhalb einer gegebenen Frist Einspruch erhoben wird.

Beispiel: Siegfried Schlamper hat als Freiberufler bis zum 31. Mai 2019 Zeit, um seine Steuererklärung für 2018 einzureichen. Er verpasst diesen Termin. Einen Monat später erhält er vom Finanzamt eine schriftliche Aufforderung, die Steuererklärung für 2018 einzureichen. Er kommt dem immer noch nicht nach. Irgendwann wird es dem Finanzbeamten zu dumm, weiter zu warten, und er nimmt eine Steuerschätzung vor. Siegfried erhält einen Steuerbescheid für 2018. Sollte er dem nicht fristgerecht widersprechen, ist er gültig. Das gilt selbst dann noch, wenn die Schätzung zu hoch sein sollte. Ist sie jedoch zu niedrig angesetzt, kann das Finanzamt nachfordern und es kann (wenn nicht unverzüglich nacherklärt wird) der Tatbestand der Steuerhinterziehung erfüllt sein.

https://de.wikipedia.org/wiki/Steuerschätzung

Steuersparmodell

Bezeichnet die (legale) Möglichkeit, durch geschickte Methoden oder Investitionen Steuern zu sparen. Daran ist grundsätzlich nichts auszusetzen. In der Vergangenheit haben Steuerzahler allerdings oft in unrentable Anlagen investiert, um Steuern zu sparen. Dadurch konnten sie zwar tatsächlich Steuern sparen, hatten letztlich aber nichts gewonnen oder unterm Strich sogar Verluste hinnehmen müssen. Der Fehler bestand hauptsächlich darin, allein auf Steuervorteile zu achten und Rentabilität außer Acht zu lassen. Es gibt auch einige Regelungen im Steuerrecht, die sich mit "modellhafter Gestaltung" beschäftigen und diese definieren. Hier leidet dann der steuerliche Effekt.

https://de.wikipedia.org/wiki/Steuervermeidung

Erfahre in diesem Video, welche Steuervorteile wirklich Sinn machen und wie Du scheinbar aus dem Nichts ein Vermögen aufbauen kannst:

https://www.af-steuercoaching.de/artendersteuergestaltung

Stiftung

(von althochdeutsch stiften: gründen, errichten)

1. Laut Duden eine Schenkung, die an einen bestimmten Zweck gebunden ist und durch die etwas gegründet und/oder gefördert wird (= steuerlich nicht ganz korrekt).

2. Eine Einrichtung, die einen vom Stifter (oder von mehreren Stiftern) festgelegten Zweck verfolgt. Sie hat keinen Eigentümer. Sie gehört "sich selbst" ("verselbständigtes Vermögen"). In der Bundesrepublik ist die Mehrzahl der Stiftungen gemeinnützig. Darüber hinaus sind auch privatnützige Zwecke möglich.

3. In der Praxis überträgt der Stifter einen Teil seines Vermögens in die (bestehende oder zu gründende) Stiftung. Dies bildet den finanziellen Grundstock. Sobald die Gründung der Stiftung vollzogen ist, kann der Stifter grundsätzlich nicht mehr auf dieses Vermögen zugreifen. Einen gewissen Einfluss hat er natürlich abhängig von der Satzung der Stiftung, die er ja selbst festgelegt hat. Gemeinnützige Stiftungen bieten eine Reihe von zusätzlichen Steuerprivilegien.

Beispiel: Die „Alfried Krupp von Bohlen und Halbach-Stiftung" wurde von Alfried Krupp von Bohlen und Halbach gegründet. Mit seinem Tod im Jahr 1967 ging sein gesamtes Vermögen auf die Stiftung über. Seitdem fördert sie verschiedene Projekte in den Bereichen Kunst, Politik, Sport und Völkerverständigung.

https://de.wikipedia.org/wiki/Stiftung

Stiftungsaufsicht

Eine Institution, die Stiftungen beaufsichtigt. In der Regel handelt es sich dabei um staatliche Behörden auf Länderebene (jedes Bundesland hat seine eigene Aufsicht, auch mit teilweise völlig verschiedenen Gepflogenheiten). Die Stiftungsaufsicht entscheidet zunächst über die Anerkennung einer Stiftung. Ist das geschehen, überwacht die Stiftungsaufsicht die Einhaltung der Stiftungssatzung in der gelebten Praxis im Laufe der Zeit.

https://de.wikipedia.org/wiki/Stiftungsaufsicht

Stille Reserven

Auch **stille Rücklagen** genannt. Teile des Vermögens einer Personengesellschaft oder Kapitalgesellschaft, die nicht in der Bilanz auftauchen. Ein Grund für die Entstehung von stillen Reserven ist eine Unterbewertung des vorhandenen Kapitals, z.B. durch Abschreibungen bei gleichzeitiger Wertsteigerung von Immobilien.

Beispiel: Eine Immobilie wird für 100.000 EUR gekauft und erscheint mit diesem Wert in der Bilanz. Zehn Jahre später wird sie immer noch mit diesem (bzw. dem um die Abschreibung reduzierten) Wert in der Bilanz geführt. In der Zwischenzeit ist ihr tatsächlicher Wert aber auf 150.000 EUR gestiegen. Damit stellt der Differenzbetrag von 50.000 EUR eine stille Reserve dar.

https://de.wikipedia.org/wiki/Stille_Reserven

teilentgeltlich

*Wird etwas für Geld verkauft, nennt man das **entgeltlich**. Ist kein Geld für etwas zu bezahlen, bezeichnet man das als **unentgeltlich**.*

Eine Mischform ist der Begriff teilentgeltlich. Er bedeutet, dass etwas teilweise verkauft und teilweise verschenkt wird. Das hat unter anderem steuerliche Konsequenzen, denn das Finanzamt kann den Verkauf teilweise als Schenkung und teilweise als Verkauf bewerten und entsprechend besteuern.

Tilgungsdarlehen

Siehe Annuitätendarlehen.

Treuhandvertrag

Ein Treuhänder ist jemand, der von einem anderen (Treugeber genannt) Eigentum, Besitz oder sonstige Rechte übertragen bekommt, um sie wie vereinbart zu verwenden. Der Treuhandvertrag regelt, wie der Treuhänder mit dem Eigentum oder den Rechten umzugehen hat. Der Vertrag wird zwischen Treugeber und Treuhänder geschlossen. In der Praxis werden oft Notare oder Rechtsanwälte als Treuhänder eingesetzt.

Eine treuhänderische Beteiligung an einem Unternehmen kann ebenfalls vertraglich geregelt werden. Der Treugeber investiert dabei Kapital in das Unternehmen, das als Treuhänder agiert. Nach außen tritt nur die z.B. GmbH (Treuhänder) auf, der Treugeber ist Außenstehenden nicht bekannt. Treuhandverhältnisse müssen jedoch gegenüber dem Finanzamt offengelegt werden.

Überschusseinkünfte

Einkünfte, die sich aus dem Überschuss der Einnahmen über die steuerabzugsfähigen Werbungskosten ergeben. Dazu zählen von den sieben Einkunftsarten Einkünfte aus nichtselbstständiger Arbeit, aus Kapitalvermögen, aus Vermietung und Verpachtung und sonstige Einkünfte.

https://de.wikipedia.org/wiki/Überschusseinkünfte

UGB

(Österreichisches) Unternehmensgesetzbuch. Siehe dort.

Umlaufvermögen

Siehe Betriebsvermögen/Umlaufvermögen.

Umsatzsteuer

Auf den Umsatz erhobene Steuer. Sie wird, bis auf wenige Ausnahmen, auf alle Konsumausgaben erhoben. Dabei ist sie gewöhnlich im Preis, den der Konsument bezahlt, bereits enthalten. Der Regelsteuersatz für Umsatzsteuer beträgt in Deutschland 19 Prozent (Stand 2019). Für viele Lebensmittel und bestimmte Waren und Dienstleistungen wird ein ermäßigter Steuersatz von 7 Prozent erhoben. Einige Leistungen sind komplett von der Umsatzsteuer befreit, wie z.B. Finanzierungs- oder Versicherungsvermittlung.

Beispiel: Der Kunde kauft für 1.000 EUR ein Fernsehgerät. Tatsächlich beträgt der Preis des Geräts eigentlich 840,34 EUR zuzüglich 159,66 EUR (19 Prozent) Umsatzsteuer. Diese Angaben findet man auf der Quittung wieder.

https://de.wikipedia.org/wiki/Umsatzsteuer

Umsatzsteuer-Anwendungserlass (UStAE)

Siehe unter Umsatzsteuerrichtlinien.

Umsatzsteuerdurchführungsverordnung (UStDV)

Die Umsatzsteuerdurchführungsverordnung konkretisiert bestehende Regeln des Umsatzsteuergesetzes. Damit soll dafür gesorgt werden, dass das Umsatzsteuergesetz in ganz Deutschland einheitlich angewandt wird.

Umsatzsteuergesetz (UStG)

Gesetz, dass die Besteuerung durch Umsatzsteuer regelt.

https://de.wikipedia.org/wiki/Umsatzsteuergesetz

Umsatzsteuer-ID

Umsatzsteueridentifikationsnummer. Siehe dort.

Umsatzsteueridentifikationsnummer (Umsatzsteuer-ID)

Die Umsatzsteueridentifikationsnummer kann Unternehmen auf Antrag zugewiesen werden. Sie dient dazu, ein Unternehmen innerhalb der Europäischen Union eindeutig zu kennzeichnen. Ist ein deutsches Unternehmen auch im Ausland tätig, benötigt es eine Umsatzsteueridentifikationsnummer (praktisch immer, wenn Waren über das Internet verkauft und anschließend versandt werden).

https://de.wikipedia.org/wiki/Umsatzsteuer-Identifikationsnummer

Umsatzsteuerrichtlinien (UStR)

Anweisungen vom Bundesministerium der Finanzen an die Finanzverwaltung. Die Umsatzsteuerrichtlinien sollten für die einheitliche Anwendung des Umsatzsteuergesetzes durch die Finanzämter sorgen. So sollte verhindert werden, dass ein Finanzamt ein Steuergesetz anders auslegt als ein anderes. Die Umsatzsteuerrichtlinien 2008 wurden inzwischen aufgehoben und durch den sogenannten Umsatzsteuer-Anwendungserlass (UStAE) ersetzt. Er wird ebenfalls vom Bundesministerium der Finanzen herausgegeben. Anders als die Umsatzsteuerrichtlinien muss der Umsatzsteuer-Anwendungserlass nicht mehr vom Bundesrat genehmigt werden. Dadurch können Änderungen schneller umgesetzt werden.

Umwandlungssteuergesetz (UmwStG)

Die Umwandlung von Unternehmen in eine andere Rechtsform wird im Umwandlungsgesetz geregelt. Diese Umwandlungen können in verschiedenen Formen stattfinden. Beispielsweise können zwei Unternehmen zusammengelegt werden. Das nennt man Verschmelzung. Oder ein Unternehmen wird in mehrere einzelne aufgeteilt. Das bezeichnet man als Spaltung. Es könnte auch vorkommen, dass ein Unternehmen von einer Gesellschaft mit beschränkter Haftung (GmbH) in eine Aktiengesellschaft (AG) umgewandelt werden soll. All das regelt das Umwandlungsgesetz. Das Umwandlungssteuergesetz gibt die steuerlichen Regeln für solche Umwandlungen vor.

https://de.wikipedia.org/Umwandlungssteuergesetz

UmwStG

Umwandlungssteuergesetz. Siehe dort.

Unbedenklichkeitsbescheinigung

Eine Bescheinigung des Finanzamts. Sie ist in zwei Fällen von Bedeutung. So beim Erwerb von Immobilien. Erst wenn der Käufer die Grunderwerbsteuer gezahlt hat, erteilt das Finanzamt die Unbedenklichkeitsbescheinigung, was eine der Voraussetzungen ist, damit er als Eigentümer im Grundbuch eingetragen werden kann.

Für die Vergabe von öffentlichen Aufträgen an ein Unternehmen ist ebenfalls eine Unbedenklichkeitsbescheinigung Voraussetzung. Sie besagt, dass das steuerpflichtige Unternehmen seinen Steuererklärungs- und Zahlungsverpflichtungen nachgekommen ist.

https://de.wikipedia.org/wiki/Grunderwerbsteuer_(Deutschland)#Unbedenklichkeitsbescheinigung

Unternehmensgesetzbuch (UGB)

Gesetzestext, der das Unternehmensrecht in Österreich behandelt. Es handelt sich um das österreichische Gegenstück zum Handelsgesetzbuch.

https://de.wikipedia.org/wiki/Unternehmensgesetzbuch

UStAE

Umsatzsteuer-Anwendungserlass. Siehe unter Umsatzsteuerrichtlinien.

UStDV

Umsatzsteuerdurchführungsverordnung. Siehe dort.

UStG

Umsatzsteuergesetz. Siehe dort.

UStR

Umsatzsteuerrichtlinien. Siehe dort.

Veranlagung

Als Veranlagung bezeichnet man im Steuerrecht die Verfahren zur Ermittlung und Festsetzung von Steuern (was die Steuererklärung miteinschließt). Bei der Einkommensteuer spricht man auch vom Veranlagungszeitraum. Dieser entspricht jeweils einem Kalenderjahr. Das bedeutet, dass die Einkommensteuer jeweils für das zu versteuernde Einkommen eines Kalenderjahres berechnet wird (also vom 1. Januar bis zum 31. Dezember eines Jahres).

Beispiel: Ehepartner können zusammen oder einzeln „veranlagt" werden. Das bedeutet, dass die Einkommensteuer aufgrund ihres zu versteuernden Einkommens für beide zusammen oder für jeden individuell ermittelt und festgesetzt wird.

Beispiel: Kinder, die noch nicht steuerpflichtig sind, werden nicht „veranlagt", was bedeutet, dass sie keine Steuererklärung abgeben und keine Steuern zahlen müssen.

https://de.wikipedia.org/wiki/Veranlagung_(Steuerrecht)

Veranlagungsarten

Abhängig vom Familienstand unterscheidet man verschiedene Veranlagungsarten, also verschiedene Methoden, wie die Einkommensteuer ermittelt und berechnet wird. Grundsätzlich unterscheidet man zwischen Einzelveranlagung oder Zusammenveranlagung.

Eine Einzelveranlagung ist beispielsweise durchzuführen bei Ledigen, Geschiedenen, Verwitweten oder dauerhaft getrennt lebenden Ehegatten. Ehepaare und eingetragene gleichgeschlechtliche Lebenspartner können eine Zusammenveranlagung wählen, was in vielen Fällen steuerlich günstiger ist als eine Einzelveranlagung, vor allem, wenn die Einkommen der beiden Partner erheblich voneinander abweichen.

Beispiel für Einzelveranlagung: Frida Frei ist alleinstehend. Ihr zu versteuerndes Einkommen beträgt 30.000 EUR. Dafür muss sie laut Einkommensteuertabelle (2019) 5.275 EUR Einkommensteuer zahlen.

Beispiel für Zusammenveranlagung: Paula Putz ist Hausfrau und hat kein Einkommen. Ihr Ehemann Fritz Fleißig hingegen hat ein zu versteuerndes Einkommen von 50.000 EUR. Wären beide allein veranlagt, müsste sie keine Einkommensteuer zahlen und er 12.295 EUR. Werden sie aber zusammen veranlagt, müssen sie insgesamt nur 7.582 EUR Einkommensteuer zahlen.

https://de.wikipedia.org/wiki/Veranlagung_(Steuerrecht)

Veräußerungsgewinn

Bei einem Verkauf erzielter Gewinn.

Beispiel: Ein gewerblicher Investor kauft für 100.000 EUR eine Eigentumswohnung. Wenn er sie später für 130.000 EUR verkauft, beträgt der Veräußerungsgewinn 30.000 EUR.

https://de.wikipedia.org/wiki/Veräußerungsgewinn

Im Immobilienlexikon der Grundlagen hast Du alle Fachbegriffe und Definitionen der Immobilienbranche griffbereit an einem Ort:

https://alex-fischer-duesseldorf.de/immobilienlexikon/

verdeckte Gewinnausschüttung (vGA)

Bei einer verdeckten Gewinnausschüttung gewährt ein Unternehmen einem Gesellschafter oder einer Person, die dem Gesellschafter nahe steht, zu Lasten des Unternehmensgewinns gewisse Vorteile. Anders ausgedrückt:

Ein Unternehmen gewährt einem Gesellschafter oder einer ihm nahestehenden Person einen Vorteil, der den Gewinn des Unternehmens schmälert. Von entscheidender Bedeutung ist dabei, dass das

Unternehmen einem fremden Dritten, der weder Gesellschafter ist, noch diesem nahe steht, diesen Vorteil nicht gewähren würde.

Was hat das steuerlich für Folgen? Die verdeckte Gewinnausschüttung muss dem steuerlichen Gewinn des Unternehmens hinzugerechnet werden, was natürlich zu höheren Steuerabgaben führt. Aber nicht nur die Gesellschaft muss nachversteuern, auch der Gesellschafter im Rahmen von "Kapitaleinkünften" und eventuell die nahestehende Person im Rahmen von Schenkungsteuer. Ausführlich erklärt im Teil "Steuerfallen" von Woche 1 des Next Level Steuer Coachings.

Beispiel: Ein Bauunternehmen führt am Privathaus seines Gesellschafters unentgeltlich Arbeiten durch, ohne dafür eine Rechnung zu stellen oder eine Zahlung zu erhalten. Da die gleichen Arbeiten bei einem Kunden 20.000 EUR gekostet hätten, liegt eine verdeckte Gewinnausschüttung an den Gesellschafter vor.

https://de.wikipedia.org/wiki/Verdeckte_Gewinnausschüttung

Verlust

Gegenteil von Gewinn. Eine Situation, in der die Ausgaben die Einnahmen übersteigen.

https://de.wikipedia.org/wiki/Gewinn

vGA

Kurz für verdeckte Gewinnausschüttung. Siehe dort.

Vorratsgesellschaft

Eine Personengesellschaft oder Kapitalgesellschaft, die gegründet wurde, aber ihre geschäftliche Tätigkeit noch nicht aufgenommen hat. In der Regel werden Vorratsgesellschaften gegründet, um sie später verkaufen zu können. Für den Käufer besteht der Vorteil darin, dass ein Großteil der Formalitäten für die Gründung bereits erledigt ist und durch den damit verbundenen Zeitgewinn.

https://de.wikipedia.org/wiki/Vorratsgesellschaft

Vorsorgeaufwendungen

Im steuerlichen Sinne sind das Gelder, die für (Alters-)vorsorge aufgewendet werden (zum Beispiel Beiträge zur gesetzlichen Rentenversicherung) oder Ausgaben für Arbeitslosen-, Berufsunfähigkeits-, Haftpflicht-, Kranken-, Pflege-, Risiko- und Unfallversicherung. Teilweise fallen auch Beträge älterer Kapitallebensversicherungen in diese Kategorie. Vorsorgeaufwendungen können von der Steuer abgesetzt werden, allerdings nur begrenzt.

https://wikipedia.org/wiki/Sonderausgabe

Vorsteuer

Von einem Unternehmen gezahlte Umsatzsteuer, die es mit der von Kunden erhaltenen Umsatzsteuer verrechnen kann.

Beispiel: Ein Unternehmen verkauft Güter zu einem Nettopreis von 100.000 EUR. Darauf schlägt es 19.000 EUR (19 Prozent) Umsatzsteuer auf, die es grundsätzlich an das Finanzamt abführen müsste. In der gleichen Zeitperiode gibt das Unternehmen 11.900 EUR (10.000 EUR zuzüglich 19 Prozent) für Rohstoffe aus, die es für seine Produkte benötigt. In diesem Betrag sind 1.900 EUR Umsatzsteuer enthalten, die das Unternehmen ausgibt. Diese bezeichnet man als Vorsteuer. Die Vorsteuer in Höhe von 1.900 EUR ist von der eingenommenen Umsatzsteuer in Höhe von 19.000 EUR abzuziehen (nicht verwechseln mit absetzen). Somit müssen nur noch 17.100 EUR Umsatzsteuer an das Finanzamt gezahlt werden.

https://de.wikipedia.org/wiki/Vorsteuer

Wegzugsbesteuerung

Eine Steuer, die anfallen kann, wenn jemand seinen Wohnsitz von Deutschland ins Ausland verlegt. Die Voraussetzung ist, dass er mindestens zehn Jahre in Deutschland steuerpflichtig war. Besitzt er dann beim Wegzug Anteile von mindestens 1 Prozent an einer deutschen Kapitalgesellschaft (wie einer GmbH), schätzt das Finanzamt den Wert dieses Unternehmens. Daraufhin ist ein „fiktiver Veräußerungsgewinn" zu versteuern.

Beim Umzug in ein Land der Europäischen Union hat der Europäische Gerichtshof dieses Vorgehen als rechtswidrig erklärt.

Findet der Umzug nur temporär statt, sollte dies dem Finanzamt gemeldet werden, damit die Wegzugsbesteuerung entfällt bzw. gestundet wird.

Die Steuer entfällt ebenfalls, wenn man innerhalb von fünf Jahren zurück nach Deutschland zieht.

https://de.wikipedia.org/wiki/Wegzugsbesteuerung

Werbungskosten

Hat im Steuerrecht nicht wirklich etwas mit Werbung zu tun, sondern mit Erwerbung. Laut Definition handelt es sich um "Aufwendungen zur Erwerbung, Sicherung und Erhaltung von Einnahmen". Anders ausgedrückt: Zu den Werbungskosten zählen grundsätzlich alle Ausgaben, die man tätigt, um überhaupt Geld zu verdienen.

Werbungskosten können bei der Ermittlung des zu versteuernden Einkommens von den Einkünften abgezogen werden. Die Liste möglicher Werbungskosten ist lang und umfasst unter anderem Aufwendungen für Berufskleidung, Fahrten zur Arbeit, berufliche Fortbildung etc. Damit Werbungskosten steuerlich geltend gemacht werden können, muss man sie belegen können (also immer Rechnungen und Quittungen aufbewahren) und sie müssen in Zusammenhang mit der Einkommenserzielung stehen (viele Stolperfallen)!

https://de.wikipedia.org/wiki/Werbungskosten

Wertaufholung

Begriff aus der Buchführung. Es kann vorkommen, dass ein Vermögensgegenstand wegen Wertverlust in der Bilanz niedrig bewertet wird und später wieder an Wert gewinnt. Dann kann sein Wert in der Bilanz heraufgesetzt werden. Das bezeichnet man als Wertaufholung.

Beispiel: Ein Unternehmen kauft für 100.000 EUR Stahl ein. Dieser Stahl verliert aufgrund der Marktsituation an Wert, was in der Bilanz entsprechend berücksichtigt wird. Durch steigende Preise auf dem Markt gewinnt der Stahl wieder an Wert. Dann kann eine Wertaufholung erfolgen.

https://de.wikipedia.org/wiki/Zuschreibung

Wettbewerbsverbot

Ein Verbot gemäß § 112 HGB. Es besagt, dass ein Arbeitnehmer seinem Arbeitgeber keine Konkurrenz machen darf. Das Wettbewerbsverbot besteht während der Anstellung, kann aber auch darüber hinaus ausgedehnt werden. Das Wettbewerbsverbot lässt sich im Arbeitsvertrag ausschließen oder erweitern (z.B. 2 Jahre über die Anstellung hinaus; solche Vereinbarungen müssen jedoch oft finanziell ausgeglichen werden).

Beispiel: Peter Pfiffig arbeitet bei einem Unternehmen, das Autoreifen herstellt. Er hat eine Idee für eine neue Art Autoreifen. Während er bei dem Unternehmen angestellt ist, darf er sich ohne Genehmigung seines Arbeitgebers nicht nebenbei ein Konkurrenzunternehmen aufbauen.

https://de.wikipedia.org/wiki/Wettbewerbsverbot

Zinsschranke

Steuerliche Regelung, die den Abzug von Zinsen als Betriebsausgaben einschränkt. Damit sollen vor allem die Möglichkeiten global handelnder Unternehmen beschränkt werden, ihre Steuer in Deutschland zu senken. Ebenso soll verhindert werden, dass sie ihre in Deutschland erwirtschafteten Gewinne (über hohe Zinszahlungen an die Muttergesellschaften) ins Ausland transferieren.

Die Zinsschranke gilt für Kapitalgesellschaften (zum Beispiel Aktiengesellschaften), aber auch für natürliche Personen und Personengesellschaften (beispielsweise eine Gesellschaft bürgerlichen Rechts). Die Grundlage für die Zinsschranke ist § 4h des Einkommensteuergesetzes. Für Körperschaften gelten spezielle Gesetze, die in § 8a des Körperschaftsteuergesetzes zu finden sind.

https://de.wikipedia.org/wiki/Zinsschranke

Zuflussprinzip

Ein im Steuerrecht geltendes Prinzip. Es bedeutet, dass eine Einnahme dem Kalenderjahr steuerlich zuzuordnen ist, in dem sie erhalten wird, also einem „zufließt".

Beispiel: Ein freiberuflicher Grafiker stellt einem Kunden im Dezember 2018 eine Rechnung. Der Kunde zahlt erst im Januar 2019. Also muss der Grafiker den Betrag als Teil seines Einkommens für das Jahr 2019 versteuern, nicht für das Jahr 2018.

https://de.wikipedia.org/wiki/Zuflussprinzip

zumutbare Belastung

Teil der außergewöhnlichen Belastungen, der vom Steuerpflichtigen selbst zu tragen ist. Abhängig von der Höhe der Einnahmen und anderen Faktoren mutet der Staat dem Steuerpflichtigen zu, für einen Teil seiner außergewöhnlichen Belastungen selbst aufzukommen. Diese können nicht steuerlich geltend gemacht werden (also nicht vom Einkommen abgezogen werden).

https://de.wikipedia.org/wiki/Außergewöhnliche_Belastung

Zustiftung

Erhöhung der Mittel einer Stiftung durch eine Spende in den Kapitalstock der Stiftung (aus dessen Erträgen dann die Zwecke verfolgt werden können), im Gegensatz zu einer reinen Spende, die zweckgebunden ausgegeben/verwendet werden soll.

https://de.wikipedia.org/wiki/Zustiftung

zu versteuerndes Einkommen

Der Betrag des Einkommens, für den Einkommensteuer gezahlt werden muss. Er ist nicht mit dem Bruttoeinkommen gleichzusetzen. Um das zu versteuernde Einkommen zu ermitteln, werden alle Einkünfte (siehe sieben Einkunftsarten) zusammengerechnet. Davon werden, vereinfacht gesagt, sämtliche Abzüge (wie zum Beispiel Kinderfreibetrag) abgezogen. Das Ergebnis ist das zu versteuernde Einkommen.

Anhand des zu versteuernden Einkommens kann man in der Steuertabelle ablesen, wie hoch die zu entrichtende Einkommensteuer ist.

Beispiel: Auszug aus der Einkommensteuertabelle 2019 für Alleinstehende:

zu versteuerndes Einkommen	zu entrichtende Einkommenssteuer	Solidaritätszuschlag
10.000 EUR	123 EUR	0 EUR
20.000 EUR	2.414 EUR	132,77 EUR
30.000 EUR	5.275 EUR	290,12 EUR
40.000 EUR	8.569 EUR	471,29 EUR
50.000 EUR	12.295 EUR	676,22 EUR
60.000 EUR	16.419 EUR	903,04 EUR

Über den Autor

Nach hunderten von Seminaren, die ich gehalten habe, kann ich eines sagen:

„ES GIBT INZWISCHEN KEINE FRAGE MEHR ÜBER IMMOBILIEN, STEUERN, FINANZEN ODER UNTERNEHMERTUM, DIE ICH NOCH NICHT GEHÖRT (UND FINAL BEANTWORTET) HABE."

— Alex Düsseldorf Fischer

Alex Fischer wurde 1973 in München geboren. Schon seine Eltern (beide Lehrer) kauften und bewirtschafteten Immobilien – so wurde ihm diese Leidenschaft in die Wiege gelegt. Nach Abitur, Lehre zum Versicherungskaufmann und diversen Studiengängen zog es den Praktiker in die aufregende Welt der Unternehmer: Es folgte die Selbständigkeit im Bereich Finanzierungsvermittlung für Makler und Bauträger, bald darauf Immobilienberatungen und 1996 gründete Alex Fischer eine eigene Vermögensberatungs GmbH.

„Schon während meiner Ausbildung zum Versicherungskaufmann hatte ich bereits durch Vermittlungen von Immobilien und Finanzierungen ein kleines Vermögen verdient, das meinen Mit-Azubis und Ausbildern feuchte Augen bereitete."

Wer jetzt denkt, dass bei Alex alles eine einzige Erfolgsstory war, der irrt sich gewaltig. Es ist nämlich ein riesen Unterschied, ob man ein paar Glückstreffer landet oder vorhersagbare, wiederholbare Ergebnisse erzielen kann: *"So kam ich schnell herunter, von meinem jugendlichen Höhenflug."* - schreibt der Alex Fischer. *"Tatsächlich war mein hauptberuflicher Start in der Selbständigkeit ein böses Erwachen, fast sogar ein Alptraum. Es hagelte geradezu Rückschläge und ich kam sehr hart auf dem Boden der Tatsachen auf.*

Ich mußte erst einmal lernen "zu wissen, dass ich nichts weiß". Zu meinem Glück traf ich irgendwann einen Branchenkenner, der mich unter seine Fittiche nahm. Nicht nur das, mit der Zeit stellte er mich anderen Top-Unternehmern, Maklern, Investoren, Bauträgern und Steuerprofis vor. Letztlich ergab sich daraus ein Netzwerk von 27 Mentoren, die zusammen eine Erfahrung von über 800 Jahren hatten. Und damals habe ich mir geschworen: "Wenn ich es jemals schaffen sollte auf das Level meiner Mentoren zu kommen, dann würde ich, genau wie sie damals bei mir, mein Wissen genauso offen und freigiebig an meine Mitmenschen weitergeben".

All diese Menschen hatten übrigens eine Sache gemeinsam: Sie glaubten fest daran, dass man nur dann wirklichen Erfolg haben kann, wenn man auch seine eigene Umgebung erfolgreich macht. Das war wahrscheinlich die wichtigste Lektion, die ich damals lernen durfte....

Die Wahrheit ist: Ohne die Hilfsbereitschaft, Unterstützung und Freigiebigkeit meiner Mentoren hätte ich damals niemals die Kurve gekriegt. Heute stehe ich ähnlich da wie meine damaligen Mentoren und teile somit gerne mein Wissen."

In seiner 25-jährigen Praxis als Unternehmer und Immobilieninvestor veranstaltete Alex Fischer rund 850 Seminare für Kunden und Geschäftspartner und führte diverse Unternehmensberatungen sowie Prozessoptimierungen für befreundete Firmen aus dem Immobilien- und Nichtimmobilienbereich durch. Außerdem entwickelte er das „Kleine Immobilienseminar", welches allein in München über 250 Mal veranstaltet wurde. Auf seinem Youtube-Kanal veröffentlicht der Unternehmer regelmäßig Inhalte, für die andere ein Vermögen nehmen würden.

Alex hat mittlerweile über 2.000 Wohnungen sowohl im Ankauf, der Entwicklung, als auch im Abverkauf betreut, ein privates Immobilienvermögen im zweistelligen Millionenbereich aufgebaut und über 523 Publikationen zu Fachthemen veröffentlicht.

Alex Fischer lebt heute im Düsseldorfer Zentrum und projektiert neben hochwertigen Renovierungs- und Neubaumaßnahmen im In- & Ausland auch Immobilien speziell für Kapitalanleger. Mehr über den Autor und viele kostenlose Inhalte bekommst Du unter:

www.alex-fischer-duesseldorf.de

YouTube: Alex Düsseldorf Fischer

Facebook: Alex Düsseldorf Fischer

Instagram: Alex Düsseldorf Fischer

iTunes: Immobilien Investor Podcast

iTunes: „Reicher als die Geissens" als kostenloses Hörbuch

Kindle: „Reicher als die Geissens" - das Buch

Kindle: Immobilienlexikon der Grundlagen

Mehr kostenlosen Content zu den Themen Steuerfallen, Steuern in privates Vermögen umwandeln etc. findest Du unter:

www.AF-Steuercoaching.de/Steuerfallen

Workbook zu "Der Schnelleinstieg in die wichtigsten Begriffe des Steuerrechts“

Zweck

Der Zweck dieses Workbooks ist es, den Studenten möglichst schnell in die Fachwelt der Steuer und Steuergestaltung einzuführen, ohne dass er sich „verläuft“ oder „stecken bleibt“.

Hintergrund

Die Nomenklatur (fachspezifische Spezialworte) jedes Fachgebietes ist die Hauptbarriere, warum es scheinbar schwer fällt, sich in neue Bereiche einarbeiten zu können. Man bekommt leicht die Idee „das Gebiet wäre zu schwer“ oder „zu trocken“ oder man hat schlichtweg keine Motivation mehr weiter zu machen. Tatsächlich liegt es AUSSCHLIESSLICH daran, dass man die Fachworte a) nicht kennt oder b) sie nicht wirklich begrifflich verstanden hat (= man kann mit dem Fachbegriff denken, er wurde „begriffen“).

Methodik

In diesem Workbook findest Du die ideale Reihenfolge, in der Du die Begriffe (nach Pareto 80/20) studieren solltest. Du kannst das Steuerlexikon der Grundlagen nicht bei „A“ anfangen und bis „Z“ durchgehen, da manche Begriffe nicht verstehbar sind, wenn man grundlegende Begriffe nicht vorher aufgeklärt hat.

Deshalb findest Du nachfolgend eine Checkliste mit der optimalen Reihenfolge, um schnell durch diese Problematik hindurch zukommen.

Empfohlenes Vorgehen

- Nimm das Workbook und lege es vor Dich.
- Nimm den ersten Begriff (= „Steuer") und schlage ihn im „Steuerlexikon der Grundlagen" nach.
- Lies die Definition und versuche sie danach (im Kopf oder auf Papier) in eignen Worten zu beschreiben. Kannst Du das nicht, suche nach weiteren Worten in der Definition, derer Du Dir nicht ganz sicher bist und schlage diese in einem geeigneten (digitalen oder physischen) Wörterbuch nach (z.B. „Duden" oder „Wahrig" Wörterbuch).
- Sicherstellen des „Begreifens":
  - In eigenen Worten formulieren
  - Eine Skizze machen (speziell bei komplexen Definitionen)
  - Frage Dich: **Wo habe ich das so schon einmal beobachtet?**
  - Frage Dich: **Wofür braucht man das? Was ist der Zweck?**
  - Frage Dich: **Wie/wann kann ich dieses Wort anwenden / benutzen?**
  - Frage Dich: **Wie steht dieses Wort in Verbindung zu anderen Wörtern aus diesem Fachbereich?**
  - Frage Dich: **Kann ich damit sinnvolle Sätze bilden?**
  - Frage Dich: **Wie kann ich das einem 10-Jährigen erklären?**
  - Idealerweise: Du erklärst es tatsächlich einer dritten Person, die bisher davon noch keine Ahnung hat (hier ist Dein Lernerfolg am Größten).
- Hake die Definition in diesem Workbook ab, gehe zum nächsten Fachbegriff (= „Fiskus") und wiederhole dieses Vorgehen.

Hinweis: Gehe nicht zu tief rein in die Definitionen (übergehe aber nichts, das Du nicht verstehst), sondern schau, dass Du schnell 1x durchkommst. Wenn Du 1x durch bist, dann lies alle Definitionen noch einmal durch (jetzt auch gerne von A-Z oder nochmals in dieser Reihenfolge).

Jetzt wirst Du (nachdem Du durch den ersten Durchgang den Überblick bekamst) die einzelnen Definitionen noch viel intensiver verstehen. Jetzt bist Du dafür bereit in die vollständigen und juristisch kompletten Definitionen von Wikipedia einzusteigen. Diese sind (wo immer vorhanden) direkt unter den vereinfachten Definitionen dieses Lexikons verlinkt.

Falls Du das Workbook für Dich bzw. Deine Unterlagen ausdrucken möchtest, findest Du es unter folgendem Link:

https://alex-fischer-duesseldorf.de/workbook-steuerlexikon/

GRUNDBEGRIFFE

___ Steuer
___ Fiskus
___ netto
___ brutto
___ zu versteuerndes Einkommen
___ Gewinneinkünfte
___ Überschusseinkünfte
___ Abflussprinzip
___ Zuflussprinzip
___ Verlust
___ Steueridentifikationsnummer (Steuer-ID)
___ direkte Steuern/indirekte Steuern
___ Einkommensteuer
___ Steuersatz
___ Durchschnittssteuersatz
___ Spitzensteuersatz
___ Grenzsteuersatz
___ Steuerprogression
___ Progressiver Einkommensteuertarif
___ Progressionsvorbehalt
___ kalte Progression
___ abschreiben/absetzen
___ Abschreibung
___ Abschreibung/Absetzung für Abnutzung (AfA)
___ Steuersparmodell

STEUERERKLÄRUNG

___ Steuererklärung
___ Elster
___ Steuerbescheid
___ sieben Einkunftsarten
___ Einkünfte aus Vermietung und Verpachtung

___ Gesamtbetrag der Einkünfte

___ Solidaritätszuschlag

___ Steuerfreibetrag

___ Freibetrag

___ Freibetrag für Betreuung und Erziehung oder Ausbildung (BEA Freibetrag)

___ Freibetrag/Lohnsteuerkarte

___ Gewinn- und Verlustrechnung (GuV)

___ GuV / Einnahmen-Überschuss-Rechnung

___ Veranlagung

___ Veranlagungsarten

___ Splitting

___ Veräußerungsgewinn

___ private Veräußerungsgeschäfte

___ Werbungskosten

___ Freistellungsauftrag

___ Kinderfreibetrag

___ Vorsorgeaufwendungen

___ geldwerter Vorteil

___ Sachbezüge

___ Sonderausgaben

___ Außergewöhnliche Belastungen

___ BEA Freibetrag (Freibetrag für Betreuung und Erziehung oder Ausbildung)

___ zumutbare Belastung

___ Steuerschätzung

___ Einspruchsverfahren

STEUERARTEN

___ Steuerarten

___ Richtlinie

___ Einkommensteuergesetz (EStG)

___ Einkommensteuerrichtlinien (EStR)

___ Lohnsteuer

___ Lohnsteuerrichtlinien (LStR)
___ Lohnsteuerklasse
___ Erbschaft
___ Erbschaftsteuer
___ Schenkung
___ Schenkungsteuer
___ Grunderwerbsteuer
___ Grundsteuer
___ Abgeltungsteuer
___ Quellensteuer
___ Gewerbesteuer (GewSt)
___ Fenstersteuer
___ Kapitalertragsteuer (KapErtSt, KapESt, KapST, KESt)
___ Mehrwertsteuer
___ Umsatzsteuer
___ Umsatzsteuerdurchführungsverordnung (UStDV)
___ Umsatzsteuergesetz (UStG)
___ Umsatzsteueridentifikationsnummer (USt.-IDNr)
___ Umsatzsteuerrichtlinien (UStR)
___ Vorsteuer
___ Erbersatzsteuer

BUCHFÜHRUNG

___ Buchführung
___ Buchhaltung
___ Abflussprinzip
___ Aktiva
___ Passiva
___ Eigenkapital
___ Fremdkapital
___ Einnahmen-Überschuss-Rechnung (EÜR)
___ Bilanz/Einnahmen-Überschuss-Rechnung
___ Jahresabschluss
___ Anlagevermögen

___ Betriebsvermögen

___ Betriebsvermögen/Umlaufvermögen

___ Grundsätze ordnungsgemäßer Buchführung (GOB)

___ geringwertiges Wirtschaftsgut (GWG)

___ Grenzwert

___ Rückstellungen

___ Höchstwertprinzip

___ Niederstwertprinzip

___ Rechnungsabgrenzungsposten

___ Aktive Rechnungsabgrenzungsposten (ARAG)

___ Passiver Rechnungsabgrenzungsposten (PRAG)

___ Wertaufholung

GESELLSCHAFTSFORMEN

___ Firma

___ Firmensitz

___ natürliche Person

___ juristische Person

___ Personengesellschaft

___ Kapitalgesellschaft

___ gewerbliche Tätigkeit

___ Freiberufler

___ freiberufliche/gewerbliche Tätigkeit

___ Gesellschaft bürgerlichen Rechts (GbR)

___ Partnergesellschaft (PartG)

___ Genossenschaft

___ Genossenschaftsgesetz (GenG)

___ Holding

___ Körperschaftsteuer (KSt)

___ Körperschaftsteuergesetz (KStG)

___ Körperschaftsteuerrichtlinien (KStR)

___ Stiftung

___ Familienstiftung

___ Destinatär

INSTITUTIONEN

___ Stiftungsaufsicht

___ Bundesanstalt für Finanzdienstleistungsaufsicht (BaFin)

___ Bundesfinanzhof (BFH)

___ Bundesministerium der Finanzen

___ Finanzgericht (FG)

___ Oberfinanzdirektion (OFD)

___ Stiftungsaufsicht

SONSTIGE STEUERFACHBEGRIFFE

___ Abgabenordnung (AO)

___ Außensteuergesetz (AStG)

___ Doppelbesteuerungsabkommen

___ Durchführungsverordnung (DVO)

___ Einheitswert

___ gesonderte und einheitliche Feststellungserklärung

___ Liebhaberei

___ Partiarisches Darlehen

___ Umwandlungssteuergesetz (UmwStG)

___ Unbedenklichkeitsbescheinigung

___ verdeckte Gewinnausschüttung (vGA)

___ Wegzugsbesteuerung

___ Zinsschranke

Das Steuerlexikon der Grundlagen
Next Level Steuer Coaching

by Alex Düsseldorf Fischer

Impressum

E-Mail: post@af-media.org

Webseiten:

- www.alex-fischer-duesseldorf.de
- www.AF-Steuercoaching.de

Inhalt: Alex Düsseldorf Fischer

Herausgeber: AF Media eG, Opladener Straße 149, 40789 Monheim

1. Auflage 2020

ISBN: 979-8621129132

Das vorliegende Werk wurde sorgfältig erarbeitet. Dennoch übernimmt der Autor und Verlag für die Richtigkeit von Angaben, Hinweisen und Ratschlägen sowie eventuelle Druckfehler keine Haftung.

Printed in Poland
by Amazon Fulfillment
Poland Sp. z o.o., Wrocław

57673594R00063